现代英语阅读与教学研究

傅凌芳　李云梅　郭　玮◎著

北京燕山出版社
BEIJING YANSHAN PRESS

图书在版编目（CIP）数据

现代英语阅读与教学研究 / 傅凌芳，李云梅，郭玮
著. -- 北京 ：北京燕山出版社，2023.7
ISBN 978-7-5402-6973-9

Ⅰ．①现… Ⅱ．①傅… ②李… ③郭… Ⅲ．①英语－
阅读教学－教学研究 Ⅳ．①H319.37

中国国家版本馆 CIP 数据核字(2023)第 111822 号

现代英语阅读与教学研究

作　　者	傅凌芳　李云梅　郭　玮
责任编辑	满　懿
出版发行	北京燕山出版社有限公司
社　　址	北京市西城区椿树街道琉璃厂西街20号
电　　话	010–65240430
邮　　编	100052
印　　刷	北京四海锦诚印刷技术有限公司
开　　本	787mm×1092mm　1/16
字　　数	203千字
印　　张	11.25
版　　次	2024 年 4 月第 1 版
印　　次	2024 年 4 月第 1 次印刷
定　　价	76.00 元

作者简介

傅凌芳，女，1974 年出生，江西南昌人，江西青年职业学院副教授，高级双师型教师。研究方向：文化差异对比研究、英语教学、英语翻译。曾任江西省高职高专教育教材建设英语专业委员会委员、江西省外语学会职业院校分会理事、"360 行业英语"系列教材编委会成员、江西省五年一贯制高职文化基础课程统编教材编委会成员。主持省级精品在线开放课程 1 门，省级课题 2 项。历年来发表省级以上论文 20 余篇，申请专利 7 项，软件著作权 1 项，主编著作和教材 10 余部。

李云梅，女，1975 年出生，陕西汉中人，毕业于陕西师范大学，现任西安翻译学院讲师。研究方向：英语教学、跨文化交际。主持并参与多项省、校级教改、科研项目，发表学术论文十余篇，出版教材两部。

郭玮，女，1987 年出生，汉族，河南鹤壁人，硕士研究生，外国语言学及应用语言学专业，现为河南理工大学鹤壁工程技术学院高校讲师，从事高校英语教学工作 10 余年，教学经验丰富，专业知识扎实，教学能力突出。

前　言

随着新课程改革的深入，越来越多的教师开始重视现代教育技术的应用。所谓现代教育技术主要是指运用现代教育理论，将现有的教学资源重新设计、开发，以此提升教学效率和质量。而在现代英语教学中，英语阅读教学有着举足轻重的位置，所以教师要与时俱进，紧跟时代步伐，创新英语教学模式，让教学内容变得更加多元化。同时，在现代英语教学活动中，英语阅读作为培养学生英语综合能力的有效形式，是学生融合英语语言信息、参与英语口语实践应用的重要教学方式。

鉴于此，笔者以"现代英语阅读与教学研究"为选题，首先，从阅读的内涵、阅读素养与阅读动机、英语阅读的理论依据、现代英语阅读及其重要性等（或不同方面切入），阐释现代英语阅读的基本理论，并对英语阅读分层处方教学、英语阅读中的交互阅读法、英语阅读中的体裁教学法、英语阅读中的任务型教学法进行分析；其次，详细论述了英语阅读教学活动设计的基础知识、英语阅读中的分析类活动设计、综合类活动设计、评价类活动设计，并对现代英语阅读的多元教学模式构建进行探究；最后，围绕现代英语阅读教学策略及其应用、现代信息技术与英语教学的实践进行研究。

全书结构科学、论述清晰，力求达到理论与实践相结合，让读者在学习基本方法和理论的同时，注重学生阅读能力的培养，以达到提高能力、提升素质的目的。

笔者在写作本书的过程中，得到了许多专家学者的帮助和指导，在此表示诚挚的谢意。由于笔者水平有限，加之时间仓促，书中所涉及的内容难免有疏漏之处，希望各位读者多提宝贵意见，以便笔者进一步修改，使之更加完善。

目　录

第一章 现代英语阅读的基本理论

第一节 阅读的内涵界定

语文阅读活动古已有之，"准确把握阅读与语文阅读的内涵，倡导积极的阅读理念，对于有效实施语文阅读学习具有重要意义"①。此外，阅读是一种重要的活动，阅读教学在学校中占有重要的地位，学生必须掌握文字的基本规律，积累一定数量的词汇，能够阅读各种类型的文章，拓宽文化知识面，培养、提高分析问题和解决问题的能力，才能完成各门学科的学习任务，为参加社会生活做好准备。通过一定的活动，学生还可以从思想上、感情上受到阅读作品的感染，形成良好的品质。

一、阅读的本质

对阅读的本质，目前较为普遍的观点认为，阅读具有两个层面：第一是视觉层面，主要是对文字符号进行辨认，将信号传送到大脑；第二是认知层面，对视觉信息进行解释，不是只局限于认字释义，读者大脑中所进行着的是重建过程，试图再现作者在特定语篇的创作过程中所要表达的意义。实际上，第二个层面是相当复杂的过程，并不像有些人认为的那样，阅读是被动接收信息和理解信息的过程。从心理语言学的角度来看，阅读是一种主动的创造性行为，阅读者要根据自己已掌握的知识经验对作者要表达的意义进行筛选、推测、判断、归纳。

二、阅读的过程

阅读过程的研究一直是语言教学研究中的重点课题。很多人认为阅读理解的过程就是，首先认识每个单词，再了解每句话的意思，然后自然就理解了全文的意思。但是实际

---

① 郭成，高淳海，郑雁鸣，等. 论语文阅读的内涵与理念 [J]. 齐鲁师范学院学报，2011，26（1）：22.

上，认识每个单词并不意味着能理解全文，理解全文也不必认识每个单词。另外，阅读始于读者对阅读材料的认识、分析、理解，然后再进入分析、理解综合处理、重复上述步骤这样一个过程。这样的步骤在阅读过程中会重复出现，不同之处在于每次总是在已有知识的起点上对新的阅读材料重复以上步骤。

从建构主义理论的角度来看，阅读是读者知识的重新构建过程。在阅读过程中，读者对外来信息进行识别、加工和获取时需要以自身大脑中原有的信息和知识为基础，对新的信息进行取舍和处理，构建一个与新信息相关的认知体系，去推测和感悟作者的思想和交流意图。虽然这种构建过程受到了认知活动的目的、计划、策略等方面的因素监控和影响，然而作者在文章中的语言编码能为读者提供导向，促使读者自觉应用自己已有知识去提取或建构新的意义。阅读过程不只是单纯依赖于作者对读者的语言符号刺激作用，同时也是作者的语言思维与读者认知构建图式之间的相互作用的复杂过程。建构主义理论的这个观点偏重把阅读看成是读者自主构建知识的过程。

另外，阅读是一种相互作用的交际过程。根据这一观点，阅读具有三个主要特征：首先，如同说—听的交际过程，阅读是作者和读者之间的交互行为，作者在具体的语篇中表达自己想要传递的信息，读者对该语篇进行理解以获取信息。但是，与听的不同之处在于，阅读是间接的，除了书面文字材料外，既没有具体的交际环境，也没有双方面对面的交流，因此，阅读的相互作用过程更为复杂和困难。其次，阅读是一个主动的创造过程，读者不是被动的接受者，阅读也不只是视觉过程，而要在视觉信息的基础上借助各种非视觉信息，不断对结构进行预测，并根据具体场合和篇章所构建的语义对其进行检测。这种接受语言的过程就是不断尝试、预测、检验和确定的循环过程。阅读者是根据自己的推测来理解语篇的意义，他必须对文章中的选词、所列事实、组织结构等进行评判，以获得作者想要表达的信息。

阅读的过程就是一个不断猜测的过程，读者已有的知识比起要接受的知识更为重要。阅读理解的步骤如下：浏览（标题、长度、插图、字体）预测内容、功能及文体结构，快速阅读、确认或修正预测、进一步预测，更加仔细地阅读。

心理语言学家对阅读理解过程所持的观点是：阅读过程并不是简单的信息传递和读者被动接收信息的过程，而是一个积极主动的活动，它需要大量的脑力活动。在此过程中读者自始至终处于积极主动的状态，不停地对视觉信息进行解码、加工和处理。这就是说，一篇文章的意义不在于材料本身，而是读者与材料不断交流活动的结果。读者把新知识和旧知识联系起来，以便完整地理解文章的意义，这种引申意义的脑力活动不仅仅是对词汇意义的解码，而且是对文章的全面理解。

　　阅读是一个判断、推理、归纳、总结的过程。读者需要把分散于文章中的各种信息联系起来，经过必要的判断、推理，得出自己对文章的认识。这一过程不光要求读者有必要的语言能力，同时对读者的预测机制、认知能力、语篇分析能力提出了较高的要求。阅读是一个心理语言猜测活动。换言之，一个好的读者总是不断猜测下文是哪些内容，然后用作者所给的信息检验自己的预测是否正确。如果预测正确就开始下一个预测，如果错误，就必须修正原来的假想。由于心理语言学的影响，阅读理论的研究开始重视阅读心理机制以及受这种机制影响的信息传递和信息处理过程，并通过对阅读行为分析展示阅读效率的构成。

　　究其本质，阅读是一种复杂的生理和心理活动，是视觉信息和非视觉信息相互作用的活动，即文字信息和读者的知识水平、文化背景及个人经验相互作用的活动。阅读作为一个心理过程，指读者本人启动多种生理器官、知识结构以及技能技巧与阅读材料的书面符号产生联系，并通过这种联系来解读符号，从而重构信息。换言之，在外语阅读过程中，读者作为一个个体，利用文章的各种现象所形成的刺激，进行一系列的体验、预测等思维活动。在读者接触阅读文本时，文中的标题、某个词、某句话、某个图表都有可能激活读者大脑中的某些相关知识，从而使读者找到阅读定位，并形成对所读内容的预测。如果预测成功得到验证则顺利完成阅读；反之，读者的预测得不到验证，则不得不推翻自己的预测，并寻找新的"论据"，不断形成新的预测，直到完成阅读。

　　大学英语阅读是以文章作为语言实体和信息载体，对书面信息进行认知构建的言语过程。它集语音、词汇、语法等基础知识于一体，是综合训练和考查学生语言运用、阅读理解、逻辑推理、分析判断等能力的有效手段。英语阅读作为一项输入技能在提高综合运用英语语言能力的过程中最直接地体现着输入假设，即决定第二语言习得能力的关键因素是接触大量有意义的、有趣的或是相关的第二语言输入材料。阅读是语言输入的最大源泉，学生在很多情况下都可以通过阅读获取知识，不需要任何特殊设施。

第二节　阅读素养与阅读动机

一、阅读素养

　　人类的语言活动总在一定场域内进行，语言使用的四大重要场域为个人、公众、教育、职场。个人使用语言主要是为了与家人、朋友等进行交际，参与个人社会活动。公众场域的语言使用主要为了参与在公共场域进行的日常社会交往、娱乐活动等。教育场域的语言使用主要发生在正规学校、培训学校等教育机构。职场中的语言使用则发生在与职业相关联的场域。这四个场域对阅读能力也提出了不同要求，在教育场域中可能是通过阅读进行学习，获取知识，但在职场中则可能需要通过阅读来完成工作，这就要求对阅读素养进行定义，要培养学生怎样的阅读素养才能使他们能够胜任未来的工作，满足生活的需要，新世纪人才需要怎样的能力？答案是：人们需要具备获取、组织、理解、评价和处理信息的能力。

随着网络的发展，人们的阅读内容和阅读方式也发生了巨大的变化，许多内容不再是经过加工的优秀读物。读者需要对所读内容进行批判性阅读，知道如何从海量的信息中找到应该重点关注或值得关注的信息，即对评价信息能力的要求越来越高。因此，阅读素养应该包括获取信息、理解信息、反思信息、选择信息、评价信息等的能力，只有具备这样的阅读素养，人们才能很好地适应未来社会。

对阅读理解能力的划分主要依据以下方面：阅读文本的文体、题材、长度和复杂度、语言难度等。此外，这一框架对阅读理解能力的界定也包括了"赏析""读懂言外之意""评论"等字眼，表明阅读理解能力的最高境界是推理和批判性阅读，这也是构成阅读素养很重要的因素。

另外，以培养阅读素养为目标的教学将超越对一般阅读能力的培养，使阅读不仅仅停留在对文本表面文字的理解，而是强调读者为了不同的目的而阅读，强调他们对文字信息的理解、使用和反思，强调读者通过积极主动的思考和与文本的互动来获取信息，不论是为个人还是为公众事业，为学习还是为工作，他们为自己成为积极的公民和终身学习者而进行阅读。

阅读素养是人们通过阅读不断发展的知识、技能和策略，这种发展也离不开人与人之间的互动与交流，这种发展是终身学习的结果。阅读素养重视读者在阅读文本过程中的积极作用。读者不是被动接受文本内容或其所传递的信息，而是积极主动地建构意义。阅读的目的不再只是为了受教育或找工作，还包括一些非功利性的目的，如丰富阅历、陶冶情操。阅读是人生获得成功的前提条件。阅读技能包括把握大意、抓细节信息、归纳总结、预测、分析关系等，这些技能在日常生活中也一样重要，因此，如果学生能够顺利将这种技能迁移到学习、工作和生活中，那他们的人生也会获得成功。此外，阅读也是学好其他课程的前提条件。人们不会仅仅为了读书而读书，阅读往往是获得教育和自我发展的重要工具。

二、阅读动机

（一）动机概述

动机是影响阅读的关键因素。教学中常见课前学生不预习、课上学生懈怠、阅读材料不能引起学生的兴趣、课后学生不能开展自我阅读的现象，这些都是缺乏动机的表现。

1. 动机问题

动机问题一直是教学的核心问题，因为缺乏应有的动机驱使，就没有学习动因和兴趣，学习也就如同毫无胃口的进食。人们习惯于把对缺乏动机学习者实施的教学形象地比喻成"厌恶疗法"。激发学生的动机因此而成为教学的首要任务。然而，对于动机因素，人们的看法却不尽相同。有人习惯于把动机看作兴趣，认为对学习感兴趣就是有学习动机；有人习惯于把动机等同于内驱力，也就是说促进学习者学习的动力。其实，兴趣只是动机的表现形式，内驱力或者说欲望是动机的诱因，真正的动机包含四方面的内容：①学习者必须有学习的动力与兴趣，并且做出学习的决定；②在学习活动中必须表现出浓厚的兴趣；③学习者必须能够付出应有的努力；④学习者的兴趣与努力必须能够维持。换言之，动机其实是引起和维持个体的活动，并使该活动朝向某一目标进行，以满足个体需要的内部动力。要判断学生的学习动机如何，不能只看学生是否对学习感兴趣、是否有学习的欲望，更要看学生参与学习活动的情况、其兴趣与精力的投入是否能够持久。

2. 动机类别

从动机的类别来看，人们多把动机看作一种内驱力。例如，内部动机一般指学生对阅读材料本身比较感兴趣，或者说对英语本身就感兴趣，对阅读也自然感兴趣；而外部动机与工具型动机类似，指学生可能为了某种外在的需求而阅读，如考试前为了应试而做阅读训练就属于外部动机或者工具型动机。如果阅读的目的只是为了提高自己的阅读技能，或者是因为课程要求，或者只是因为是作业的缘故，而不是出于对阅读本身的兴趣等，那么，阅读也自然就属于工具型阅读。但是就阅读而言，还有一种就是欣赏型动机，指对阅读感兴趣，或为了娱乐、为了了解异国文化等目的而阅读。

动机的分类，是因为动机不同、阅读方式不同，阅读的效果也不同。受外部动机或者是工具型动机驱使的学生，其对阅读内容的理解一般停留在表面，他们所关注的更多是事实和细节，而不是主旨大意、作者的意图、文章的逻辑关系等；而内部动机阅读者的信息加工层次较高、理解较深刻，所以，高层次阅读更需要内部动机。动机的强弱与阅读能力呈正相关，其中欣赏型阅读动机与阅读能力的相关性要高于工具型阅读动机。阅读教学因此应激发学生对阅读本身的兴趣，促成欣赏型动机的形成。

3. 动机因素

要激发学生的阅读动机，就有必要了解影响其动机的因素。一般而言，影响学习者阅读动机的因素主要有以下方面：

（1）环境因素。环境包括家庭环境、学校环境和社会环境。父母对阅读活动的态度、教师对阅读活动的态度以及社会潮流对学生的阅读都会产生不同程度的影响。环境同样包括学习者所在的群体。学习者的态度是受其所在群体行为影响的，尤其是其朋友、偶像的行为。如果周围的同学、朋友都喜欢阅读，如果所崇拜的偶像都具有良好的阅读习惯，这对学生阅读动机的培养将具有积极的引导作用。除此之外，良好的阅读氛围同样有助于阅读态度和阅读动机的培养。学校是否具有良好的阅读文化氛围，是否为学生阅读提供了应有的资源，教师是否能为学生提供课内、课外指导，所有这些都会对学生的阅读动机产生影响。

（2）教学因素。课堂教学的开展同样是影响学生阅读的重要因素之一。如果学生不能从阅读教学中获得其所期望的东西，对课堂教学缺乏信任，就不会主动与教师配合，不会积极参与课堂活动；如果教学不能达成其课程目标，不能培养学生的基本阅读技能，就会挫伤学生的阅读热情，阻止其进一步阅读的努力；如果教学不能给学生带来快乐、不能帮助学生获取其想了解的信息、不能帮助其达成阅读欣赏的目标，学生也许就会不积极参与课堂学习。

（3）个人因素。学习者自身对阅读的兴趣是影响阅读的首要因素。学习者对阅读的态度、对阅读作用的认识、对阅读重要性的认识是影响积极或消极阅读态度形成的最主要因素。如果学生能感受到阅读在其现实生活、未来工作、娱乐消遣中的作用，而不只是升学的需求，其阅读的内部动机有可能增强。很多情况下，教师过多地强调课程要求，强调阅读在中考、高考和四、六级等考试中的重要性，过于侧重技能的讲解与训练，忽视了阅读在课程以外的应用、在现实生活中的应用，因此难以培养学生良好的阅读态度。

学生对成功和失败的归因是影响其学习态度的主要因素之一。对于阅读中的失利，学生有可能将其归咎于能力、努力程度、运气、阅读任务的难易程度等各种各样的因素。而经常遭受挫败的学生往往将自己的失败归咎于不可控因素，如自己内在的能力；或者是自己无力改变的因素，如运气。在这种情况下，学生往往会开始怀疑自己的能力，从而丧失阅读的动机。如果学生长期经历失败挫折，就会陷入无助，致使面对阅读任务时紧张、焦虑，甚至出现拒绝参与课堂阅读活动、不完成课前预习任务等情况。

（4）材料因素。阅读材料是影响阅读的一个重要因素。如果阅读材料不能激发学生的阅读兴趣，学生不仅可能表现消极，并且有可能拒绝参与。过半数的学生认为对阅读影响最大的因素是阅读材料本身，而大部分学生认为最不堪忍受的是阅读材料的枯燥乏味。随着学生语言水平的逐步提高，阅读量不断增加，阅读兴趣也会从纯语言学习性阅读逐步发展到应用性阅读，学生更加关注阅读材料的内容，阅读材料的题材和内容也因此更为关键。尽管教材编写者在选择材料时也都努力选择与学生经历相关、能够激发学生兴趣的语言材料，但是，由于教材编写者自身的缺陷，其中的阅读材料往往难以激发学生的兴趣。这就要求教师能够根据课程话题要求调整教学材料、增补教学材料，以减轻课程材料对学生阅读兴趣的影响。

材料的话题会影响学生的阅读兴趣，材料的文本语言也会影响学生的兴趣。材料太难，超出学生的语言水平太多，挑战性太大，则无法激励学生阅读。另外，如果材料过于简单，缺乏应有的新语言、新信息，同样无法激发学生的阅读兴趣。

文本的特征还包括文本的连贯性、鲜明性等。连贯性和鲜明性较强的材料更容易激发学生的兴趣，结构良好的阅读材料比结构不良的阅读材料更有趣。

图式同样会影响学生的阅读兴趣。当学生的知识经验中缺乏与阅读材料相关的知识时，就会认为文本无趣。所以选择与学生的生活经历相关的材料十分重要，这也从某种程度上证明了激活相关图式的重要性。随着教育技术的发展，阅读媒介不只限于印刷材料，多媒体电子出版物、超文本材料越来越丰富，阅读也开始从传统的封闭性、单向性、静止性文本阅读向开放性、互动性、参与性的超级文本阅读转变。公交车上、地铁里，甚至是课堂上，经常可以看见学生翻动手机、电子阅读器等上的页面进行阅读，学生花在电脑前的时间也远远多于在书本前的时间。电子阅读以其独特的魅力开始为越来越多的年轻人所接受和喜爱。

网络图书的出现也在挑战传统的纸介阅读。网络图书对学生阅读态度的改变具有显著的影响。这种新颖的阅读媒介激发了学生的好奇心，提高了其阅读兴趣。尽管，随着时间的推移，新鲜感会减弱，但是由于学生阅读的投入，其理解能力增强、水平提高，学生确实感到了英语阅读的快乐，这从某种程度上也促成了对阅读的积极态度。

（二）阅读动机及其方法

阅读动机也包括四个方面：①学生要有阅读的欲望、阅读的动力、阅读的需求；②学生在阅读中应该能够体验快乐，表现出浓厚的兴趣；③学生应该能够积极参加阅读教学活动，课外能够主动获取资源、开展自我阅读，换言之，学生应该具有阅读主动性和自主性；④学生对阅读的兴趣、努力不能是暂时的、短暂的，应该表现出持久的兴趣和热情、能够做出持久的努力。

关于动机的理论和动机框架也有很多不同的观点，如经典动机理论的融合性与工具性动机、内部动机与外部动机，以及语言层面、学习层面、学习情境层面的外语学习动机构成模式。主要以自我效能感、目的以及社会影响来研究。首先，自我效能感主要指人们对自己能力的认识和认同。人们会据此来决定是否愿意从事某项工作，是否能够付出巨大努力，是否能够坚持。就阅读而言，如果学生认为自己在阅读方面有潜力、有能力，那么，他们会更有可能愿意读书、多读书等。其次，人们做事的目的包括对这件事的价值判断（例如是否有趣、是否重要、是否有用等），内部动机和外部动机，以及所追求的终极目标等。内部动机指因为对事情本身感兴趣而去做，外部动机则指为外界的原因而去做。也有研究者把动机分为表层动机和深层动机：表层动机通常与个人的前途直接相关，动力来自外部；深层动机一般不与学习者个人的前途和经济利益发生直接的联系，学习动力来自对英语语言或文化本身的兴趣。这其实与外部动机和内部动机意思差不多。终极目标又分为表现和学习两种，有的学生努力学习是为了表现好，得到别人正面的夸奖，而有的学生则是为了学习某些知识，获得某种能力提升。总而言之，对事情的价值判断、做事情的理由和所追求的目标都是影响动机的重要方面，如果人们仅仅有很强的自我效能感，相信自己有能力去完成一件事，但不知道自己为何要做这件事，那可能也不会去努力投入。最后，社会影响，这主要指学习者的家庭及社区环境、社会风气、社会交往对他们的影响等。

1. 阅读动机的研究领域

与阅读动机相关的研究领域主要关注了两个方面：

（1）阅读态度。阅读态度即对阅读这件事情的感受，这种感受会对人们的阅读行为产生很大的影响。影响因素归为三类：①阅读结果。通过阅读是否有所收获，收获和付出的努力相比是否值得。②他人期望。别人是否希望多读书，是否愿意为了得到别人的赞许而读书。③具体阅读任务。有些任务可能比较有趣，有的则可能没有意思。这三个因素影响了人们阅读态度的改变，可能会激励人们更加积极主动地去进行阅读，也可能让人对阅读失去信心和动力。阅读态度积极向上的孩子更愿意多读书，因为他们享受到了阅读的美好。对母语阅读持有积极态度的学生会将这种积极的态度迁移到英语阅读中，即使英语水平暂时比较薄弱，他们还会继续英语阅读，而这种阅读会帮助他们在不久的将来提升阅读水平。

（2）阅读兴趣。阅读兴趣和内部动机相关，是读者发自内心地对阅读有兴趣，希望通过阅读去了解某些知识或内容。人们都说兴趣是最好的老师，阅读能力的提高与阅读兴趣也有着密切的联系。此外，在中国的语言环境中，绝大部分外语学习者所需要的应该是阅读能力，外语阅读教学中对学习者情感因素的控制和引导是教学成功的一个重要因素。学生对外族文化、阅读材料内容、练习内容的兴趣等都能使其阅读时处于最佳的心理状态。

阅读兴趣可以提升阅读理解能力。在学生阅读后，为他们提供能够动手参与或观察和思考的任务和活动，可以有效提升阅读兴趣和阅读理解能力。阅读兴趣的增加有力地推动了阅读理解。所以，阅读教学中最重要的应该是兴趣的培养和读者的参与。

以上这些观点都值得认真思考和借鉴。现在也提倡推动学生阅读，但教师需要设计好的教学方法和活动，让学生感受到阅读的乐趣，从而获得长期阅读的兴趣和阅读动机。总体而言，阅读兴趣对阅读能力的发展有着极为重要的影响，而阅读兴趣的培养可以通过为学生选择有趣而合适的阅读材料，设计参与、观察、思考等有趣的教学活动，培养有效的阅读策略，以及端正良好的阅读态度等多种手段来实现。

2. 阅读动机的类别划分

就阅读而言，阅读主要有三种动机：为寻求乐趣，为深入理解，为获取信息。但是，这种分类似乎较为狭义，只是考虑到了阅读的目的。另有学者研制出了阅读动机问卷，这一研究工具成为研究阅读动机的重要参考手段。将阅读动机分为十种：①阅读效能感（对自己阅读能力的评价）；②挑战力（对难度较大的阅读材料的看法）；③好奇心（对阅读及其内容是否感兴趣）；④阅读心理（与文本间如何互动）；⑤重要性（对读书的重要性的看法）；⑥被认可度（是否希望因阅读受到表扬）；⑦成绩（是否为了成绩而阅读）；⑧社会（周围环境对自己的影响）；⑨竞争（是否希望比别人做得好）；⑩服从（是否为了完成任务而阅读）。

这十种又可以归为三大类：第一类阅读动机包括①、②，换言之，读者如果觉得自己在阅读方面能够做得很好，愿意挑战有难度的阅读材料，也不回避阅读活动，那么他的阅读动机就高。第二类包括③、④、⑤、⑥、⑦、⑨。这一类别和内部动机与外部动机相关。③、④、⑤属于内部动机，学生阅读的动机源自自己对阅读这件事情本身的热爱，阅读可以让他们获得成就感。⑥、⑦、⑨属于外部动机，学生阅读的动机来自外界对他们的肯定，他们希望通过阅读获得赞美，或者在阅读方面比别人做得好。第三类包括⑧和⑩。学生阅读的动机来自周围环境的影响，他们希望将读到的内容与朋友和家人分享，或者是为了迎合他人的期望而认真读书。

此外，内部动机对阅读能力比较弱的学生有很重要的作用。虽然这些学生阅读理解能力比较弱，但他们有很强的内部阅读动机，这种强大的动机可以使他们以坚强的意志面对阅读困难，从而使自己在阅读方面取得很大进步。阅读能力弱而内部动机也不强的学生，则有可能对阅读这件事情感到厌烦，他们的阅读能力因此越来越差。学者们在后来的研究中似乎更加关注内部动机和外部动机。

3. 激发阅读动机的方法

激发阅读动机是教学有效性的保障。如何才能激发学习者的阅读动机，是每位教师都应该关注的问题。常见的动机激发方法如下：

（1）了解阅读的真实目的。每一个阅读者都有一定的目的，具有独特的阅读风格，并且阅读目的和风格随着阅读进程的推进而改变。通常可以将阅读目的分为七类：①跨越空间的交际；②跨越时间的交际；③处理复杂问题；④使生活经历有意义；⑤寻找乐趣；⑥消磨时光；⑦填充文化角色。但是，学生为何要阅读，其阅读目的是因为对课程感兴趣，对阅读感兴趣，还是只是为了完成学业或考试而不得不读，如果是后者，即为了工具型目的而阅读的学生，当其学业成绩很差，不能看到未来的希望时，便会放弃外语学习，也自然就会放弃阅读，不管老师如何管理和评价。

现实生活中人们的阅读却不同，人们会查阅招聘广告、浏览购物信息；会读报纸、浏览网络了解体育赛事信息；会看时政要闻、看娱乐新闻；会读小说、阅读文学作品。阅读是人们生活的一部分，是生活、工作、与人交流、自我发展的必需手段。如果能把阅读变成一种生活需求、娱乐需求、交流需求，如果阅读能成为学生展示自我的方式，那么就可以激发其更大的阅读欲望和热情。

（2）创建阅读期待。由于价值取向的不同和个性需求的差异，人们的阅读期待也表现出不同程度的差别。因此，阅读教学必须考虑到学生的不同需求，创设阅读期待。

第一，做好需求分析。在开展阅读教学之前，教师有必要了解学生的阅读动机、阅读基础和相关图式。动机不同，喜欢的阅读任务不同；语言基础不同，所能胜任的阅读任务也不同；学生缺乏阅读应有的图式，就不会对阅读感兴趣。因此，在设计阅读活动、布置阅读任务之前，必须做好需求分析，分析学生的语言基础、图式、兴趣爱好、学习动机以至阅读习惯。

第二，寻找阅读与生活的联系。在布置阅读任务时，教师可以分析阅读材料与现实生活的联系，尤其是与学生生活的联系，寻找生活中的阅读动因。例如，购物海报、公司简介、环境问题、健康生活的话题等都能从生活中找到接口，历史、地理、文化、人物等话题同样可以找到生活中的切入点。

第三，布置非课程内容阅读。课前的阅读未必是教材内容的阅读。有时，可以让学生阅读与课文材料相关的内容，这样可以起到重要的作用，又不至于影响课堂阅读教学，避免因部分学生没有预习而无法开展某种活动的问题。

第四，布置任务型阅读任务。阅读如果是为了真实的目的，而不是简单地应对课程要求、机械的技能培养和语言学习，就更容易激发学生的兴趣。如果阅读活动是根据故事表演短剧、根据说明制作操作图、为某产品制作网页广告等，也许更能激发学生的阅读欲望。

第五，开展内容本位阅读。如果阅读不以技能培养和语言学习为目标，而是为获取信息、学习知识，则更容易激发学生的学习兴趣。阅读技能需要培养，语言能力也需要发展。但是，如果学生缺乏兴趣，没有阅读的动机，即便按时到课堂学习也缺乏效率。而内容本位的阅读可以创设阅读期待，如果学生对材料中的信息感兴趣，就拥有了阅读的动力。

第六，变换阅读媒体。视觉是最难满足的感官，只是白纸黑字难以满足学生的感官要求，尤其是在基础教育阶段。如果教师能够变换阅读媒体，增加基于多媒体技术的阅读，不仅可以带来视觉效果的变化，还可以带来感官的愉悦，也自然可以增进学生的阅读欲望。如果有条件，课堂教学中教师可以为学生提供网络阅读、视频阅读的机会。

第七，教学中创设期待。很多情况下，学生的阅读兴趣要靠课堂激发。只是让学生通过阅读回答问题、判断正误、选择填空、填写图表，是难以激发学生的阅读兴趣的。教师要在分析学生需求的基础上通过各种手段创设信息差、提出问题，激发学生的好奇心、求知欲和应对挑战的欲望，从而激发学生的阅读兴趣。

（3）让学生体验成功。让学生感受到努力的成就，会激发学生阅读的积极性。阅读教学最好遵循成功定向的教学原则，避免挫折教育。通常，教师可以从以下几个方面着手，保证学生体验成功：

第一，过程设计要循序渐进。任何课堂都是由一系列活动组成的，过程设计也因此必须注意每个阶段的活动对认知的要求，做到由易到难，要求由低到高，由信息识别到理解，再到应用。如果有正误判断、回答问题、图表填充等活动，一般情况下应该是先做正误判断，再做图表填充，最后回答问题。教学中经常看见这种现象：教师导入阅读后的第一个活动就是回答问题，结果是很多学生不能回答。其实，作为第一个活动应该侧重理解，应该采用输入型表达方式，而不是输出型。课文必然涉及新的语言，在学生还没有掌握新语言之前让他们口头回答问题显然超出了学生的能力。即使学生能够理解，也未必能够使用新学语言表达，因此第一个活动采用回答问题的方式违背了循序渐进的原则。长此以往，很可能挫伤部分学生的积极性，削弱他们的阅读动机。

第二，适当搭建支架。课堂教学要求活动前后相关，前面的活动为后面的活动做准备，换言之，前面的活动应该能够为后面活动的开展提供支架。活动所提供的支架可以是图式方面的、技能方面的，也可以是策略方面的，视活动的要求而定。

第三，根据学生的学习风格和多元智能设计活动。阅读活动必须关注学生的学习风格和多元智能。理解的表现形式很多，可以要求学生转述信息、回答问题、填写表格、进行匹配、判断正误、选择填空等，但是这些都需要学生具有一定的语言基础。但是实际上并不是所有的学生在语言智能方面都占优势，有的学生音乐智能比较突出，有的学生绘画智能比较突出，有的学生观察智能或行为智能比较突出。在设计理解活动时，应该适应学生的多元智能，可以让学生通过绘画、行为、表演、音乐等不同方式展示自己的理解。

第四，增加教学评价的选择性与开放性。既然学生的语言基础不同，对文本的理解也自然存在不同程度的差异，通过 45 分钟的教学所能达成的目标也会表现出不同程度的差异。为此，教学评价要注意活动的开放性和选择性，以便让每个学生都能展示自己的阅读效果。例如，教师可以利用档案袋等评价方式，让学生看到自己的进步。即使整体阅读水平没有显著提高，但如果学生可以感受到自己在某一方面的进步，同样可以让他们看到自己努力的结果，满足实现自我的需求。

第五，增加活动的合作，减少竞争。课堂教学中要多设计合作性活动、少设计竞争性活动，避免因竞争给学困生带来的挫败感。除此之外，教师应该提供一系列娱乐性的阅读活动，让学生感受阅读的快乐，而不是只要求学生回答一系列的问题，只把阅读作为一种学习的需求。

（3）选择适合的阅读材料。阅读不应只是对教材文本的阅读，仅有教材提供的素材难以培养学生应有的阅读能力。教师应根据阅读的目的调整阅读材料、增加阅读材料，因此，材料的选择是教师必须关注的课题。一般而言，材料的选择可以从以下几个方面着手：

第一，以学生的兴趣为基础。读者自身的兴趣应该是阅读材料选择考虑的首要因素，学生对阅读材料是否感兴趣，将直接影响到学生的阅读效果。趣味性强的材料有利于激发学生的阅读欲望，有利于调动学生的各个器官，帮助学生快速地进入最佳阅读状态。因此，选择阅读材料时应首先考虑趣味性，为学生创造一个轻松愉快的学习氛围。虽然教学以课程学习为主，但是教师需要选择适当的阅读材料以弥补教材的不足，满足学生的多元化要求，而不能只是关注材料本身是否能够培养课程所要求的能力。

第二，以学生的图式为基础。材料的选择必须基于学生的图式基础，分析学生是否了解相关话题知识、背景知识，是否具有完成阅读任务所需的语篇和策略知识。在选择材料时既要选择与学生的图式相关的材料，又要保证材料文本具有一定的未知性、新鲜感，否则也难以激发学生的兴趣。

第三，利用现代科技。鉴于学生对电子阅读、网络阅读的喜爱，在材料选择时应该注意信息技术的应用。除适当选择电子阅读材料之外，可以借助网络资源，充实课堂阅读教学的内容；借助信息技术创设情境，引起兴趣；利用信息技术演示情境，保持兴趣；利用信息技术再现情境，提升学习兴趣。

第四，鼓励学生自己选择材料。要保证材料的吸引力可以采用"学生选择"的方式。所谓"学生选择"包括两方面的含义：一方面是给出多种阅读资源，让学生选择自己愿意阅读的材料，然后教师根据学生的选择设计相应的阅读活动；另一方面是完全由学生自己选择材料，自由阅读。如果用于课堂，可以在话题、内容或文体方面设置相关要求，然后让学生自己检索自己感兴趣的材料，课堂活动的设计基于学生的这些课外阅读即可。

（5）减轻学生的焦虑。过度焦虑往往是影响学生学习的主要因素之一。焦虑就像一个过滤网，阻碍着学生的信息吸收和理解。焦虑度过高，过滤网过密，学习者所能获取的信息就会减少。阅读中造成学习者焦虑的因素很多：阅读材料可能给学生带来焦虑，学习环境可能带来焦虑，教师的教学同样可能给学生带来焦虑。

如果阅读材料过难，生词超过了5%，造成理解障碍，就可能给学生带来焦虑。学生对文章结构、风格不熟悉，也会产生焦虑。例如，学生习惯于故事类的阅读，而对于科普、地理类的说明文往往会有畏难情绪。又如，如果文章中出现了很多学生不熟悉的人名、地名，尤其是很长的人名或地名，也会带来阅读焦虑。

环境对焦虑的影响主要涉及周围人群对阅读的态度、教师对学生失败和成功的态度等。如果教师给学生的冷眼和批评较多、要求过于严厉，同样会造成焦虑。另外，如果课堂活动总是过难，学生难以完成，教学不能让学生体验成功，也会造成焦虑。

（6）构建阅读文化。良好的阅读氛围有助于阅读态度和阅读动机的培养，而构建阅读文化对阅读氛围的构建起着重要的作用。所谓"阅读文化"不是对文化的阅读，而是指"人们一起为培养学生良好的阅读行为而努力，学生以一种良好的心态积极阅读、欣赏阅读"的局面。就学校教育而言，阅读文化的构建远比让更多的学生达到课程阅读的要求重要。

阅读文化的构建需要学校、教师、社区、家长和学生的共同努力。学校需要规划阅读文化构建的目标，理解支持英语阅读文化构建。教师要有文化构建的理念，选择能够激发学生兴趣的阅读材料，关注学生的个性需求，合理实施教学和评价，激励学生阅读、树立阅读楷模、培养良好的阅读习惯，形成每个学生都读书、每个学生都快乐、每个学生都发展的阅读文化。

（7）将课堂与生活相联系。只有当学生把学习内容与现实生活联系起来才能真正了解、掌握它。要让学生认识阅读的价值、发现阅读的作用、正确认识阅读，就需要把课堂学习与生活联系起来，让学生在现实生活中寻找其所读内容的载体与应用。

虽然教材中的材料很少是生活中的真实材料，但是，其话题的相关性为课堂内外联系的构建提供了线索。教师可以结合话题让学生寻找生活中的图文，或者给学生提供生活中的图文，如告示、海报、新闻、故事、话题等；可以让学生寻找课程材料在现实生活中的体现，教师也可以呈现生活中的实体，让学生感知所读材料与现实生活的联系。学生可以阅读类似的海报信息、招聘信息、新闻故事，根据阅读材料判断生活中人们的饮食习惯是否健康，通过调查社区服务、采访相关人员了解人们对低碳出行的看法等。教师同样可以把阅读设计成学生交流的平台，或者与其他学校、国外学校交流的平台，如此，阅读就成了学生传达信息、交流感情、建立友谊的工具。如果能把技能培养变成信息获取、情感交流，把课程学习融入现实生活，就可以帮助学生更清楚地认识阅读的价值，培养良好的阅读态度。

（8）丰富阅读资源。阅读文化的构建需要丰富的阅读资源。如果学生所能获得的阅读材料只是课程材料，那么就无法形成浓厚的阅读文化氛围，也就难以培养良好的阅读态度和阅读动机。阅读资源的构建可以从三个层次做起：学校、班级和个体。学校图书馆要有丰富的适合学生阅读的各类图书、报纸、期刊和电子、网络资源，班级可以根据学生的兴趣和多元智能，构建班级图书角或者读书架；同时鼓励、指导学生构建自己的小书架。只有阅读资料丰富、获取便利，才能促进学生的阅读。此外，学校可以构建阅读角，开辟室外阅读空间，鼓励学生阅读。

（9）加强指导课外阅读。除课程学习之外，教师应鼓励、指导学生进行课外阅读。课外阅读的方式很多，可以是参与课程材料相关的阅读项目，也可以是布置开放性的阅读任务。

如果希望课外阅读服务于课程教学，可以设计阅读项目。所谓项目是一种以"创设出某种作品"为最终结果表现形式的学习任务，阅读中的项目不以培养学生的阅读技能为目标，而是通过项目的学习培养学生信息检索、组织与应用的能力，培养学生的沟通、合作和研究能力。基于阅读的项目很多，可以在各个层次开展。初学阶段，学生制作海报、名片、菜单、秩序手册等；中级阶段，学生根据要求制作各种模型，为社区制作服务手册、健康手册，为公司制作宣传海报等；还有短剧表演、视频制作、社会调查、动画制作等，这些都属于项目。项目的成品可以是实物，如模型、宣传册、海报等；可以是演示品，如幻灯片、网页等；也可以是表演。项目一般以小组为单位开展，可以和所学课程紧密相联，基于课程话题、主题等开展；也可以不与课程相关，如每个学期布置班级各学习小组完成一个项目。要求学生阅读相关材料时，教师可以根据具体要求，帮助学生了解、分析所读材料。

第三节　英语阅读的理论依据

一、英语阅读之自下而上理论

自下而上理论起源于 19 世纪中叶，是一种传统的阅读理解理论。它认为阅读理解的过程是从看到的书写文字开始，到理解语篇整体意义的整个过程，即从低级的单个字母到高级的词、句、语篇的有层次的加工过程。"读者要理解语篇，就必须经历这样一个从下到上的过程。如果读者理解失败，则主要是由于缺乏足够的语言知识，特别是词汇知识。"[①]

在自下而上理论的指导下，阅读教学主要按照词、句子、语篇的顺序自下而上处理文本。教师的主要任务就是解决语言知识的问题。教师在课堂上处理文本也是按照自下而上的顺序。先帮助学生识别每一个单词，理解其含义，然后分析句子，解析每个复杂句子的结构，最后采用语法翻译法，帮助学生理解整个语篇。

二、英语阅读之自上而下理论

在阅读理解研究的过程中，人们逐渐发现阅读过程并不像一种完全的线性过程。在 20 世纪 60 年代后期，在认知心理学的影响下，自上而下阅读理论发展起来。古德曼（Goodman）在 1967 年提出了著名的"阅读是一种心理语言学上的猜字游戏"的理论，认为读者利用已有的句法和语义知识来减少他们对语篇书面符号与语音符号的依赖，并具体划分出阅读的四个过程：预测（predicting）、抽样（sampling）、验证（confirming）和修正（correcting）。根据他的理论，读者预测语篇中的语法结构，运用他们的语言知识和语义概念，从语篇结构中获取意义。因此，语篇必须含有意义并且表达明确清晰。古德曼认为，读者在阅读时不断从三种可利用的信息中抽样：字形读音、语法和语义。抽样后如果预测的信息被证明正确，读者就对随之而来的新内容进行新的猜测；如果预测的信息没有出现，读者就需要从文本中抽取更多的信息，用以修正错误或有偏差的预测。科迪（Coady）

---

① 陶亚宁. 现代英语阅读与多模态教学融合研究 [M]. 天津：天津科学技术出版社，2020：8.

随后提出了概念能力、背景知识和处理策略的概念。在阅读过程中这三种能力相互作用，共同作用于理解过程。这种阅读模式强调读者的主观能动性，把阅读过程看作一种读者积极主动理解文本的过程，是一种读者在文本中主动寻求意义的思考过程。它强调读者已有知识是理解文本的基础，把阅读看作一个预测与选择的过程，突出了读者的主观能动作用。

自上而下理论对阅读教学产生了深远影响，使教师的教学思路更加宽广。教师在提高学生阅读理解水平时不再只关注词汇知识。教师可以从提高语篇猜测的准确度出发，首先，扩大学生的背景知识，因为学生见识越广，阅读中猜测的准确性越大；其次，通过讲授语篇结构，使学生熟悉相关文章的行文特点，以提高其阅读理解能力，促进阅读理解的效率。

三、英语阅读之构建主义理论

构建主义或称建构主义，又称社会构建主义。从哲学的角度讲，它是后结构主义的一个分支。构建主义的学习理论认为，学习过程不是学习者被动接受知识的过程，而是积极主动地建构知识的过程。学习活动是以学生为中心。知识是学习者在一定的情境，即社会文化背景下，借助他人（包括教师和学习伙伴）的帮助，利用必要的学习资料，通过建构的方式获得，而不是通过教师传授得到。知识是外部环境和个体互动的结果。学习的质量是由学习者决定的，而不是教师的教学结果。学习的主体是学生。教师只是学生主动构建意义的帮助者和促进者。建构主义学习理论认为，情境、协作、会话和意义建构，是学习环境中的四大要素。

依据建构主义理论，阅读是从学生已有认知结构出发，在阅读的过程中，通过不断建构，改变并调整自身的认知结构，提高阅读水平。然后，学生又从新的阅读水平出发，开始新的阅读行为，重新改变并提高知识结构。如此往返循环，不断改善，不断提高。学生在阅读的过程中要发挥主体的作用。要主动探索和发现去建构知识的意义；要主动寻找问题，探索答案，并对阅读中的各种假设加以验证；要把阅读内容和自身的经验、社会现实联系起来，认真思考，提高分析问题和解决问题的能力。

第四节 现代英语阅读及其重要性

一、英语阅读的认知

英语阅读，是指阅读用英文表达的东西，即人们通过阅读英文书面语材料，从中吸取知识，获得信息。现代阅读理论认为，阅读是一种吸收和转换语言信息的心理过程，阅读不是简单的信息输入，而是对信息进行加工、筛选，使其与读者头脑中已经存储的信息相互联系和重新组织。由此可见，阅读的过程就是理解的过程，即读者用眼睛去感知语言文字符号，获得视觉信息，继而用脑去理解视觉信息的过程。就阅读的目的而言，阅读可分为略读、浏览、精读、泛读、快速阅读等。就阅读的方式而言，阅读有朗读和默读两种。默读是最符合实际需要的阅读方式，因为默读速度远比朗读速度快。英语阅读实际上主要是借助视觉进行的阅读。默读是英语阅读理解中最常采用的方式，如在英语考试中就采用默读的方式，人们读书看报大多都是采用默读的方式，因为默读是一种最方便、最有效的阅读方式。由此可见，"英语阅读在英语学习中起着重要作用，它能增加学生词汇，提高学生分析和判断能力"①。

此外，由于阅读目的不同，读者的阅读活动会有很大的差异。根据阅读的目的，英语阅读可分为英语学习性阅读和英语应用性阅读。英语学习性阅读指将英语阅读作为英语学习方法而进行的阅读，阅读的目的是为了学习英语这门外语。英语应用性阅读是指利用英语知识以实现读者某种目的而进行的阅读，读者的目的不是学习英语，而是获取语言以外的信息，增长知识、陶冶情操等。

英语应用性阅读的读者可能是以英语为母语的读者，也可能是以英语作为外语或第二语言的读者，其共同特点是他们存在较少的语言障碍。而克服英语学习性阅读过程中的语言障碍则正是读者的阅读目的，没有语言障碍就等于没有实现其阅读目的。

实际上，在大学英语教学中，我们所进行的阅读不是纯粹的语言学习性阅读和纯粹的语言应用性阅读，而是语言学习性阅读中有语言应用性阅读，语言应用性阅读中有语言学习性阅读。

---

① 丁艳. 谈谈英语阅读 [J]. 黑龙江科技信息，2008（35）：295.

二、英语阅读的重要性

（一）阅读是英语学习的有效方法

阅读是一种运用读者智慧和已有知识理解文本内容的复杂的认知加工过程。阅读是人类社会中不可缺少的一种活动，是人类传承智慧的重要手段，是学习各门学科的基础，也是掌握外语的重要途径之一。得益于文字的产生，语言的声音信息能够被转化为文字信息并长期地保存起来，从而突破了口口相传在时间和空间上的限制，使人类社会所积累起来的经验能够被系统地保留并广泛传播，极大地提高了人类知识积累的速度和质量，使人类的宝贵经验能够代代相传，积累叠加，从而创造出光辉灿烂的文明。阅读既是学习者语言输入的主要来源，也是掌握和提高语言应用能力的基础。

此外，阅读还有利于培养思辨能力。思辨能力实际上是人的认知能力和情感特质的统一体。认知能力包括分析、推理、评价等三项技能。情感特质包括好奇、开放、自信、正直和坚毅等五种性格特征。思辨能力离不开宽广的知识面。广泛阅读能够完善学生的知识结构，通过知识的增长促进语言的发展，提高学生分析问题和解决问题的能力。阅读的作用不仅限于语言学习方面。阅读优秀作品可以启迪读者对生命和人生的思考，帮助读者洞察人性的优、缺点，学会与不同的人和平相处，互利共赢，使读者的精神受到优秀人文思想的熏陶，塑造人格，促使读者的个性得到健康的发展。优秀的作品往往影响一个人一生的人生道路和做人准则。阅读强大的教化作用不能被低估。阅读是用自己的生命体验、情感和意识与文本中潜藏着的生命进行对话，是自我生命成长和升华的过程。

对多数学习者而言，阅读是他们获取知识的主要来源。英语学习者只有大量阅读人文领域的精品，才能真正感悟到语言运用的奇妙之处，领悟到异国社会文化，汲取各个民族的思想智慧，博采众长，为己所用。阅读是语言输入和积累的主要来源。在我国现有的条件下，大部分学生今后工作所需的主要外语技能还是阅读能力。阅读不仅是学生接受语言输入的主要来源，而且是学生掌握和提高语言应用能力的基础。阅读活动不仅可以提高我们的英语阅读水平，而且有利于英语其他技能的发展，如写作、口语、听力、翻译等专项技能的提高。此外，阅读还可以快速有效地促进词汇习得，加深对词汇的理解。

英语学习过程中，阅读是学习者使用最为频繁的语言技能。大量阅读对提高大学生英语水平有着不可替代的作用。阅读有利于促进语言能力的发展，促进学习情感的构建。在语言摄入量很小的情况下，学习者很难获得语感，也就很难学好外语。除此之外，阅读有利于促进学习者记忆词汇、提高写作能力、拓展社会知识面等，并有利于激励学习者学习的主动性和积极性。英语阅读对听、说、写和翻译等能力的提高起到有力的促进作用。宽广的知识面对英语学习非常重要，因为语言是知识的载体。其表达的内容无所不包，涉及人类生活的方方面面。只有尽可能熟悉相关的知识，学习者才能提高对语言的理解能力和表达能力，在提高语言水平的同时增长各种知识，学到另一种文化的精华。

（二）阅读对英语其他技能的作用

1. 阅读有利于词汇量的扩大

词汇量大小对英语学习者至关重要，是英语所有技能的基础。历届学生在其所写的大学英语四级考试总结中都特别提到词汇量的重要性。大多数学生把词汇量匮乏认定为顺利完成考试的最大障碍。就是因为词汇量小，在被考查听力时听不明白。可见，因为词汇量不足，考生尽管对阅读部分的文章花费时间很多，但还是看不太懂，做题速度上不去。

除了死记硬背词汇表外，大量阅读简易读物对词汇量的增长很有帮助。阅读除了能提供可理解输入和丰富的语境外，还能有效地促进词汇习得。所以，教师应该尽可能多地鼓励学生大量阅读。阅读是词汇量快速增长的最佳途径之一，并且通过这种方式学到的单词不像单纯背词汇表那样枯燥乏味。读者在享受阅读乐趣的同时，不知不觉学会了词汇。词汇习得是阅读的副产品，是在完成阅读任务的同时顺便增加了词汇量。这种词汇习得不会增加读者的额外负担。在同等条件下，阅读量越大，词汇习得的效果越好。阅读量大时，阅读材料中的目标词出现的频率，即接触次数就越高，因为多次接触，记忆也就越深，那么这个词被习得的可能性就越大。

众所周知，扩大词汇量是一个长期的积累过程，很难在短时间内完成。让学生学习新单词的同时，还必须保证他们能够时时回忆原有的词汇知识。大多数的学生愿意把时间花在背记新单词上，而常常忽视对学过的单词的再学习。广泛阅读可以帮助学生加深对已有单词的认知水平，发现"旧"单词的"新"意思。深层次加工可以产生较强的记忆痕迹，持续较长的记忆时间。

近年来在词汇教学研究领域中的一大趋势是强调词块或称语块教学。词块指语义和结构模式化了的固定或半固定的块状结构。词块可以避免学生语域使用不当，减少搭配错误，提高学生运用语言的准确性增强自信心。在阅读的过程中学生可以大量获得词块，通过阅读后归纳总结积累成为自己的词汇。词块具有可生成性，可以从一个词块生成许多同类词块。在一定程度上可以以词块为单位进行阅读。词块的内容量在单位上扩大了记忆的容量，从而加快大脑的信息处理速度，阅读速度也因此而得到了提高。

2. 阅读有利于提升听力水平

（1）广泛阅读能够开阔读者的视野，增长学识。这些新知识被学习者汲取后就变成了学习者的内在图式，而丰富的背景知识有助于提高学习者听力理解的水平，这个过程本身就对听力起到促进作用。学习者在阅读中会接触英语国家的风俗习惯、行为准则、审美观、道德伦理观、思维方式、人际关系等方方面面。这些都会对学习者产生不同程度的影响，开阔他们作为个体人的思维方式，帮助学习者理解他人、兼容并包、求同存异。一旦学生拥有了丰富的背景知识，对理解相关的听力材料就会起到很大的辅助作用。

（2）广泛阅读有利于把握听力中的复杂句式。听力普遍是大学生的弱项。教师应帮助学生分析这个句子的结构，厘清复杂长句的语法特征和各从句之间的关系，找到句子的主干部分，了解其内涵。

总而言之，听力中的一些困难可以通过阅读加以解决。阅读可以扩大词汇量和知识面，加深对词义、语法现象的理解和记忆，有利于对听力内容深层次的理解；阅读可以训练思维、理解力和概括能力，从而提高听力的速度与准确性。学生在听的过程中既不要受困于个别单词和短语，也不要仅限于听后完成几道选择题，而要抓住听力材料的主旨，理解文章的脉络大纲，把握主要内容。阅读能帮助教师实现听力课的最终教学目标——帮助学生完成专业全英文课程学习并听懂英语讲座。

3. 阅读有利于提高口语能力

提高口语能力是当代大学生在英语学习方面的普遍诉求。为此，有的高校专门开设了口语课程，而有些学生特意报名参加各种口语培训班，觉得口语只要多练就能提高，这是因为只有大量的输入，才会有吸收，然后才能输出。

4. 阅读有利于促进英语写作

写作是一种输出型技能，必须有一定的输入作基础。听和读被认为是输入型技能。两者相比，读比听更准确、方便，不受场所和器材的限制。学生书读多了自然就在语言方面和知识方面有了一定的积累，就可以写出一些有思想的文章。所以，多读是写作的前提，只有书读得多了，才能有一定的文化积累和专业知识积淀。

第二章 现代英语阅读的方法构建

第一节　英语阅读分层处方教学

一、英语阅读分层处方教学的理论依据

分层处方教学研究须有四个方面的理论基础作为支撑：一是有效教学理论；二是教学过程最优化理论；三是建构主义理论；四是差异性教学理论。

（一）有效教学理论

有效教学的理念起源于 20 世纪上半叶西方发达资本主义国家的教学科学化运动，在美国实用主义哲学和行为主义心理学影响的教学效能核定运动后，引起了世界各国教育学者的普遍关注，随着 20 世纪以来科学思潮的影响，以及心理学特别是行为科学的发展，人们意识到，教学也是科学。于是人们开始关注教学的哲学、社会学、心理学理论基础，以及如何用观察、实验等科学的方法来研究教学的一系列问题，有效教学就是在这一背景下提出来的。

1. 有效教学的内涵表现

有效教学的内涵主要表现在三个方面，即有效果、有效益和有效率。

（1）教学有效果。所谓的效果是指由某种因素、做法或者力量所产生的结果（通常情况下指的是好的结果）。而教学效果则是因教学活动而出现的状况，其中包含受教学影响而出现的一切成果。此外，在教学过程中，如果教师的教学活动可以满足学生的某种需要，达到了某种目的或取得了某种结果，这样的教学活动可以说是有效果的。换言之，教学效果最关注的是效果的有无，与教师的教学态度、教学意图、教学设计、教学动机、教学投入等无关（尽管这些因素已在某种程度上影响教学效果）。换言之，教学有无效果并不是简单地指教师教学态度是否认真或者教学内容是否完成，而是要看学生能否学到知识

或学得是否扎实。单纯从理念范畴上来看，教学效果既不考虑教学结果的好坏、教学结果能否满足个人和社会的需要，也不从教学的投入与产出来分析教学所得。教学效果如何，其落脚点是"学"，即所谓的教学有无效果，其衡量的唯一标准就是考察教师在教学之后，学生有没有取得具体的学习进步和个体的发展。

（2）教学有效益。所谓的效益则是指"效果和利益"。教学效益强调的是教学活动与其结果的合目的性、合价值性。具体而言，教学效益反映的是教学活动的目标与教学结束之间的关系，主要表现在个人效益和社会效益两个方面。对个人而言，有效益的教学是要引导和帮助学生学会学习、学会生存、学会创新、学会合作，促进学生个体品质、知识、智慧、能力以及体格等各个方面的健康成长与发展，为其一生的发展和幸福奠定基础。对社会而言，有效益的教学体现在培养符合社会对人的要求的人，培养合格和优秀的公民。

（3）教学有效率。所谓的效率则是指在"单位时间里完成的工作量"。因此，教学效率即为单位的教学投入里所能够得到的教学产出量。如前文所述中提及的教学效果是从教学产生了结果的角度来判定的，教学有效益是从这种结果达到预期的结果的角度来判定的，但这两者均未考虑教学投入与教学产出之间的关系。即使教学产生了结果，且产生的结果是所期望的，但如果教师仅仅为了这样的教学结果，却付出了大量的教学投入则是不合理的，即教学的投入与教学的产出极不相称，那这种教学也不能称得上是有效教学。所以，真正的有效教学一定是以效果和效益为前提，还要兼顾效率。换言之，教师应该追求低投入，高产出的教学效率。鉴于此，教师减少教学投入、增加教学产出则成为教学活动的追求目标。从教学实践层面上讲，教师在课堂教学过程中要提高效率，一是要尽量避免不必要的时间浪费，将有限的课堂时间最大限度地用在符合教学目标和任务的教学活动上；二是要注意精选教学内容和科学地确定教学重点，在教学过程中最大限度提高时间的利用价值；三是要立足学生个体和教学实际，争取每一个学生、至少绝大部分学生都能取得尽量多的进步和发展，而不是只促进一部分学生或少数学生的发展。

综上所述，有效教学是强调教学效果、效益和效率的教学观，作为有效教学的三个考察维度，在教学过程中，三者缺一不可，缺失任何一个维度的教学，都不能称得上是有效教学，所以，有效教学必须让学生学有所得、学有所获，而且学的东西必须是有用的、有价值的，是符合个人与社会发展需求的，同时学生学习的方法和过程必须是符合教学规律和简洁省时的。

2. 有效教学的主要特征

有效教学的特征是赋予彰显教学的内涵、有助于教学活动实施，同时有助于教学目标实现的特征。具体如下：

（1）教学目标明确。教师在教学过程中对教学目标的是否明确，直接影响着学生对教学的满意度和学生的学习成就。由此可见，清晰而又正确的教学目标是教师展开教学的前提，它可以为教师提供必要的指导，让教师的教和学生的学都能直击教学目标。教学是教师组织学生进行的有目的、有计划的学习活动，其本质是"学"，也可以说教育与教学的核心理念是"为了学生的学而教"。所以教学目标是用来衡量学生的学习是否掌握了预期的教学内容及其要求，而不取决于教师教了哪些内容。

需要注意的是，这里所谓的教学目标明确，不只是简单地要求学生进步与发展，而是一种要求全面的进步与发展。从已有的研究成果来看，可以从学习的结果来对学生的进步与发展进行细化和界定。

（2）教学组织科学。确保教学内容、活动、程序等的科学性和合理性从而顺利达到教学既定目标，客观上要求教师科学组织和控制教学，教学活动是根据既定的教学计划而展开的，有经验的教师往往能遵循教学规律和自身积累的教学经验对教学活动做出有效的安排。教师如果对教学不善于组织甚至缺乏对教学组织的能力，即使把一门课程或具体一节课程的教学目标、教学内容、教学方式、教学材料等都做了认真细致的准备，也难以实现教学目标，自然不能取得相应的教学效果。

另外，教学是一个复杂的、动态的实践活动，教师与学生都是这一活动的主体，有着各自生命体验积累的鲜明个体，在教学活动过程中经常会遇到"突发事件"，这对教师而言是一个重要的挑战，客观上需要教师根据教学内容、教学环境和教学对象的不同，而合理地修改教学计划、调整教学速度等，即灵活开展教学活动。有研究对模范教师群体进行考察，发现近2/3的教学内容与方法是难以预设的，只能根据教学条件的客观变化而在教学活动实施中灵活进行。

科学地组织教学，是课堂教学顺利进行的必要保障，可以消除干扰学生学习的人为因素，也可以减少教师在管理中耗费的时间与精力，让学生专注于教学内容之上，提高有限的课堂教学时间的利用率，确保教学目标的实现和教学任务的完成。一般而言，科学地组织教学具体表现为：科学制订教学计划、合理安排教学活动、合理分配教学时间（讲授、学生思考、师生互动、练习巩固等），教师在课堂教学过程中巧妙地处理突发事件，加强课堂秩序管理，及时解答学生的疑问，将学生的注意力转向教学内容，使教学活动按照教学计划设定的目标进行。

（3）促进学生学习。有效教学指向之一是促进学生学习，这一特征体现在有效教学关注的是学生本人的需要。因此，在教学过程中真正的主人是学生，教师教学效果可以衡量，其评判的标准则是学生是否取得进步与发展，即有效教学应该是促进学生学习的教学。在建构主义教学观看来，学生的学习不只是被动地接受或照搬从教师或教材获取的知识，而是通过积极建构学习新知识。所以，所谓的有效教学要调动学生在课堂教学过程中的积极性、主动性，使他们全身心地投入到学习中去。有效教学促进学生的学习表现包括三个方面：①注意教学内容和教学方法与学生的能力和认知发展水平相适应，教学内容能为学生所理解、接受和掌握，并在教学过程中根据课程进度与难度，通过科学合理的调整教学方式和方法以适应学生，教学内容既不能因过于简单而不能引起学生的重视或过于困难让学生望而却步。②深入了解和关注学生的学习兴趣，满足学生的学习需要。一个人的学习过程中，最好的老师是兴趣，因此，有效的教学的前提是了解学生的需要和兴趣，针对学生的需要来展开教学，某种程度上激发了学生学习的热情，从而有效提升教学效果。③帮助学生克服学习障碍，摆脱自身学习困境。教师在教学过程中担任着多重角色，如知识的传承者、学生的家长、学生的朋友、服务者等，需要以包容之心在客观面对学生所处的学习困境，帮助他（他们）克服进一步学习的知识、认识和心理方面的障碍。

有效教学一定是教学目标明确的教学，在教学过程中，教师要激发学生正确的、远景的学习动机，让学生认识到学习的重要性并从中体验到学习的乐趣，自愿努力学习，并在教学结束后有所进步与发展，教师也要给予学生及时的学习效果反馈，以增强学生肩负起学习责任的意识，树立继续学习的愿望，不可或缺的是教师在其中还要为学生介绍相应的学习方法、技巧和策略，使学生最终成为卓有成效的学习者。

（4）促进教师反思。有效教学是一种动态的、有缺憾的、有待完善的教学，因此从本质上说，有效教学也就是一种反思性教学，要求教师对自己的教学进行认真的、经常性的反思。教师的自身成长和专业发展过程是不断进行教学反思，促进教学效果不断提高的过程。教师在每堂课结束后，通过认真的自我反思就更有可能找出自己教学中的优点和不足，查找问题根源，寻求破解之道，从而在之后的教学中发扬优点或克服不足。教学是一种实践活动，不能只是停留在理论层面的学习和审视，只有通过紧密结合教学实践进行积极反思，才能切实改进教学方法和程序，提高教学质量和效果。

（5）注重因材施教。教学过程中教师所采用的教学方法和手段既要面向全体学生，又要因材施教。例如，在一个教学自然班，教学不能只面向部分学生，尤其避免教学过程中只关注班里少数优秀学生却忽视学习后进困难学生的趋势和状况。有效教学应该面向全体学生，珍惜和尊重每个学生的学习权利，力争让每个学生从教学中学有所得并获得益处；面对学生个体，教师要根据学生的特点和优势因材施教，有针对性地对每个学生学习问题进行诊断分析，并进行处方教学指导，使他们在自己的原有学习基础上取得新的进步和发展。同时，针对具体教学内容，教师要明确对不同学生具体难在哪里，然后对症下药在教学组织过程中进行筛选和排除。对于过于抽象的教学内容，教师就应设法先提供出具体形象的内容，让学生从感性认识入手学习再上升到形而上的理论层面；对于过于深奥的教学内容，教师就应设法通过联系相关知识或引导复习来帮助学生加深理解；对于过于复杂的教学内容，教师就应采取分解、分步和分散处理的方式来消除学生学习过程中的障碍。因材施教可以让每个学生都在自己原有学习基础上，根据自身学习特点和不足，取得相应的进步与发展。让每个学生身上都发生有效教学，既体现了教育人本主义的关照，又可以避免影响和削弱教学的整体有效性的情况（即教学在一部分学生身上有效果，在另一部分学生身体为无效果甚至是负效果）出现。

综上所述，有效教学最基本和最主要特征是教学目标明确、教学组织科学、促进学生学习、促进教师反思、注重因材施教。一般而言，有效教学会呈现这五大特征，但也不是绝对的，例如，有效教学在有些情况下还可能呈现出其他特征，也不是所有的有效教学都必须具有这五大特征。因此，教师追求和实践有效教学应该让自己的教学逐步具备或表现这些基本特征，但也不必寻求统一的教学模式，在实践过程中完全可以根据具体教学活动、教学内容和教学对象表现出具有鲜明个人风格的有效教学，让教学展现出丰富性和多样性。

（二）教学过程最优化理论

20 世纪 70 年代，针对学生存在因学习成绩不佳而留级的现象，巴班斯基提出了"教学过程最优化理论"，旨在解决这一教育教学现实问题，他认为对学校教学进行整体优化尤为重要，在一定的教学条件下，为了让教师花费较少的精力在最短的时间内获得最好的教学效果以使学生能得到更好的发展。因此，教师在教学过程中能否寻求到合理的教学方案，是优化教学过程中最核心的问题，即如何合理地组织教学，其基本的方法体系如下：①科学合理地制定学生的培养和发展目标，注重全面发展；②深入研究学生，在此基础上具体落实任务；③根据教学大纲，合理选择具体化的教学内容，并区分重点与难点；④综合选择合理的教学方法和形式；⑤针对不同的学生特点而区分对待；⑥创造必要的条件（教学物理条件、教学道德心理条件和教学卫生条件等），合理调控教学时间和速度。

（三）建构主义理论

建构主义是一种在心理学、哲学和人类学理论基础上发展起来的关于学习与知识的理论，因其关注个体的学习过程与个体认知的关系，该理论被视为解释说明人类学习过程的理论依据。因此，不少教育理论与实践人员将研究视角转向于此，如早期的研究代表主要有布鲁纳、皮亚杰和维果茨基等；而新近的研究代表主要有古德曼、加德纳和布鲁克斯。经过不同代表多年的深入研究，关于知识与学习的观点已经形成了不同的流派，比较有代表性的主要集中表现为：控制论系统观（Cybernetic System）、社会文化认知观点（Socio-cultural Cognition）、信息加工建构主义（Information-processing Constructivism）和激进建构主义（Radical Constructivism）。尽管各建构主义流派存在着一定的差异性，但其核心的观点认为：学习者的学习既包括了结构性知识，也包括了相当数量的非结构性经验，它实际上是个体主动建构内部心理结构的复杂过程。

建构主义者关于学习的观点主要可以概括为两个方面：第一，学生的学习是个体自主建构知识的过程，而不是教师将知识直接地传递给学生，这种自主建构无法通过他人来替代，关键在于学生主动建构知识的意义。第二，学习者的学习是个人从经验出发，对个体之外的信息进行筛选、处理、深度加工，在此基础上赋予了个体的意义，这种个体的意义是学习者对个人已有的知识经验与新的信息（知识）发生交叉，反复作用而建构的。第三，学习者建构的个人意义是基于个体原有知识与经验而生的，是具有个人风格的理解。这种理解是对新的信息进行编码，建构的结果，也就是学习者因新的知识的"进入"而对个体原有知识的改变抑或调整。第四，学习者认知结构的变化是通过同化和顺应两种途径来进行的，同化—顺应……同化—顺应，平衡—不平衡……平衡—不平衡，循环往复，相互交替，认知结构的量变是同化，而认知结构的质变则是顺应。学习者的学习不是将外在信息简单地输入、累积、存储和提取，而是如同上述的同化与顺应循环往复的复杂过程，其中必然包含了新旧知识、经验的冲突，调整，重组而形成新的认知结构，这一复杂的过程是学习者新旧知识的相互作用过程，也是学习者与其所处的环境之间的交互过程。

建构主义理论核心强调以学生为中心，重视学生对知识的主动探究、发现并对新信息（知识）的建构特别是意义的建构。在教学方法上主要凸显个性化的教学，教学过程则应该强调新旧知识的同化与顺应，教师应重新审视个人在教学中的角色定位，充分发挥好帮助者、指导者、组织者和促进者的作用，通过教学诊断，得知学生学习的情况，针对学生不同的认知（旧的知识经验）差异，利用会话、协作和环境等要素最大限度地调动学生学习的主动性和积极性，有效引导学生主动学习的意义建构。

（四）差异性教学理论

差异性教学是教师为了促进所有的学生在个人原有的基础上得到最大限度的发展，因学生的学习态度、能力倾向、学习速度、学习方法和兴趣爱好等方面存在着较大的差异，教师在教学过程中为了满足不同学生个体个性化的需要，通过调整教学过程、教学内容和学习成果的呈现方式的一种教学活动。教师实施差异性教学的前提是对学生及教学的相关信息进行搜集、判断和评估，特别是教师在其教学过程中应该关注学生已有的知识与教学内容的关系，即学生的认知结构应该与教学的知识结构匹配或最大限度的匹配，学生的心智逻辑应该与教学逻辑相吻合。换言之，教师在教学前要对学生进行"诊断"，是因为"诊断结论"是学生们学习新技能的首要条件，查明和了解学生的学习需要，将教学注意力集中在学生欠缺的问题上可以避免一定的重复教学。教师在教学过程中做到有据可依、有的放矢，了解学习者学习物质的差异性尤为重要，这样方可根据学习者的差异及其表现及时变成可能的事实。

另外，教师在个人的教学实践中，教师应该综合各种科学合理的方法去诊断学生的个性特征、知识结构、学习能力、学习倾向和学习风格等，以对学生个性化诊断结果为出发点，有针对性地、差异性地进行教学设计，只有这样，才能真正让教学成为促进学生个性化的活动。熊川武教授认为，教师实施差异性教学应该坚持"感情先行"，避免唯技术倾向，这种教学能较大程度上减轻教师和学生的负担，增大成功的把握，提高教学质量，缓解学生过度的学习焦虑，增强师生的幸福感。

综上论述可见，差异性教学是一种面向学生学习特质差异的教学思想、策略和方法的总称，而非独立的教学形成。它是将学生的学习特质差异视为教师的教学资源，教师在个人的教学过程中，关注学生学习的差异才能使自己的教学设计更能体现出来针对性，差异性教学理论运用的理想表现则是教师对学生个性化的辅导，以教师承认学生学习差异为前提，课程教学前诊断出学生学习方面的特质并将其进行有效的表征，为其制定出相应的个性化的"疗程"，以使得在"治疗"过程中的教学方法和策略起到"疗效"。值得一提的是，在差异性教学理论的实践过程中，最为重要的是教师要抓住学生个性化中可以塑造或改进的内容，而非一味地迎合学生的个性风格，为了个性而"个性"。

二、英语阅读分层处方教学的具体原则

（一）因材施教原则

我国伟大的教育家、思想家，被联合国教科文组织列为十大历史名人之一的孔子，在多年前就提出了教育应该根据学生个体不同的特点而进行，注重补偏救弊，使每个学生能得到发展。在心理学家布卢姆看来，许多学生之所以在学习中不能取得优异成绩，其根本的原因并非他们学习能力欠缺，关键是他们没有合理的帮助和适当的教学条件，倘若这些学生所面对的是适当的教学条件，大多数学生在学习速度、能力和动机方面表现出较为相

似的一面，说明对学生进行分层教学是很有必要的。

（二） 教学适切原则

教师在进行分层处方教学时，须针对不同学习水平进行初步的分层，针对不同层次学习水平进行教学。此外，就某一学习水平层的学生来讲，又是由若干个个体组成，每一个个体兴趣、需要又各不相同，因此，教师对于该层的学生实施"处方诊疗"教学时，要综合考虑学生个体的身心资质，对每个个体的"处方"要建立在与其个人适切又旨在发展的基础上。当然了，这种处方教学一定让处于某个学习水平层上的个体能够体会到学习的挑战性，以挖掘个体的学习潜能。

（三） 个体差异原则

世界上没有两片相同的树叶，人亦如此，个体之间总是存在着不同。学生作为学习的主体，彼此之间的差异体现在先天的遗传中，像学生的智商、身体体质等，同时这种差异也体现在学生后天生活的环境或所接受的教育中，正是因为存在着先天与后天的差异，往往会影响或决定着学生个体发展的方向、速度和终极发展程度。学生之间不仅存在着认知水平上的差异，也存在着既有知识水平的差异，因此，"他们在学习新的知识过程中，理解和掌握程度是千差万别的，加上个体学习潜能不尽相同，爱好兴趣各异，学生学习的结果也必然各不相同"①。

（四） 发展激励原则

维果茨基在"最近发展区理论"认为，每一个学生在个人的学习发展过程中，都会存在两种水平，即潜在的水平和现在的真实水平，但二者之间存在着一定的"距离"，这种"距离"（区域）就叫"最近发展区"（Zone of Proximal Development）。因此，教师在开展教学活动的过程中，应该在学生的这种学习"距离"上做文章，努力把学生学习的最近发展区转化为当下的真实学习水平，同时，教师应该持续不断地帮助学生建构出适合个体状况的更高水平的最近发展区，只有这样，才能促使学生持续地发展与进步。不可置否的是，这样更高水平的最近发展区的建构，需要有教师及时给予学生各种形式的激励，对达不到更高学习水平的学生应施以援助之手，对达到赋予个人风格更高水平的学生予以肯定。换言之，在分层处方教学过程中，教师不但要做到为每个学习能力层的学生创设成功

---

① 吴耀武. 大学英语阅读分层处方教学研究 [D]. 西安：陕西师范大学，2014：44.

的机会，而且要最大限度地为处于某个学习能力层的不同个体处方的创设取得进步的机会，让每一个个体在教学过程中能够将教师的激励转化为学生自我学习并体验成功愉悦的内驱力。分层处方教学的发展激励性原则体现了"以生定教，以生为本"的教育教学理念，面向每一个学生，让学生在体验学习取得进步的愉快中得到和谐的发展，是我们教育教学应该追求的理想。

（五）动态渐进原则

教师在分层处方教学过程中，对处于不同学习水平层的学生应该实行动态管理，教学总是按照一定的目标予以推进的，对于处于某种学习水平层的学生而言，当他们已经达到了教学目标要求时，教师要给予及时调整其所处的学习水平层。事实上，处于某一学习水平层的不同学生，他们学习倾向与优势各不相同，教师要针对处于每一层的不同个体分别施以"处方诊疗"，目的是希望他们能达到预设的教学目标，然而，学生在接受了与自己适切的"处方诊疗"后，向更高学习水平层迈进的速度又不尽相同。因此，对于在短时间内难以达到更高层次目标的学生，教师除了针对个体的实际给予帮助外，也可降低其所处的学习水平层；对于达到了更高层次目标的学生，也应当及时给予对方学习效果的反馈，以让他建构个人更高层次的学习目标。当然，学习水平层的动态调整不能过于频繁，在某一学习阶段内，学生学习水平层应该保持相对的稳定性，以维护学生的学习自尊与自信，教师应以学生为本为基点，动态管理处于各个学习水平层的学生，以科学推进学生不断提升自己的学习水平。

三、英语阅读分层处方教学的重要意义

分层处方教学是指教师基于不同学习水平的学生依据一定的标准进行分层，在此基础上，针对每个学生个人不同学习特点和学习中存在的问题，科学而合理地予以"处方"教学，以取得良好的教学"疗效"，旨在让每一个学生都能将个人的学习潜能发挥出来，以得到最好的发展，这是一种凸显学生个性、因材施教的创造性活动，一位教师能否在大学英语阅读教学中很好地实施分层处方教学，对于提升学生学习水平和挖掘学生学习潜能有着重要的意义，我们可以从以下方面讨论分层处方教学对大学英语阅读教学的意义。

（一）分层处方教学对教师发展的意义

1. 利于发挥大学教师的创造性

教师在教学过程中首先面对的是个性迥异的学生，他们需求不同、学习水平层次也有

不同，大学教师要在教学过程中让每一个学生都达到教学目标的要求，进而让每一个学生的学习水平得以提升，则必须科学合理地对学生进行分层，在此基础上提出不同层次学生的教学目标与进度，与此相应的还应该有适当的考核标准，这一工作必然是一种高难度、创造性的活动。客观上要求大学教师不断地阅读资料，全面深入了解每一个学生，在课程教学过程中，反复思考、研究，从备课、上课、辅导、作业等环节入手，不断优化每一个环节。因分层处方教学是一个较为复杂的动态过程，也就意味着教师须在不断优化教学环节进程中，推动新一轮的"分层、诊断、备课和上课"往前发展。由于在教学过程中，教师的针对性强，不同的学生都能获得符合"个体能及"的知识，自然能"乐学"，一定程度上对教师也起着激励与鞭策作用，促进教师不断反思教学，改进教学，创新教学，使教学活动呈良性循环。

2. 应运而生的诊断处方研修生成

课程教学改革给教师带来最大的挑战是教师专业，教师担任着将教育理念向教学实践转化的重大责任，而教学是教师实施教育的主要途径，教师教育教学水平不但直接影响着教学改革的推进，也体现着教师专业发展水平。分层处方教学是教师在个人教学过程中，立足于学生真实的学习水平，在科学合理基础上，着力提升学生学习水平的一种创造性的实践活动。因教师关注学生"学"的行为增多，同时教师也须不断地反思个人的教学行为，改进教学，优化教学，这一创造性的活动必然有效地拉近了师生的距离。教学与科研是大学教师的主题，教师基于个人教学以提升学生学习能力针对性开设的"处方"，不但是学生发展的诉求，也是教师教育教学研修的最好切入点，教师个人的教学课堂是最好的教育研究"实验室"，通过对学生的"诊断"和"治疗"来反思个人的教学设计、教学行为，展开与之相应的教育学术研究，以教促研，以研助教，从而升高教学水准，提升教学效益，促进教师专业化发展。

（二）分层处方教学对学生学习的意义

1. 利于提升学生学习的积极性

分层处方教学是教师依据不同的学生个人学习水平现状，制订出相应的"处方"和"诊疗"计划并予以实施。从学生个体而言，保证了教师教学与学生学习的连续性，在这样"私人处方"背景下的学习，学生可以跟随教师长时间系统地参与研究与学习，在这一复杂的创造性的历程中，学生无疑是最大的受益者。从一定程度上来看，分层处方教学认为每个学生是有进一步提升学习能力的空间，在教学实施过程中凸显了学生的主体地位，在这样自由的大学学习氛围中，教师因学生的学习进步，要对其调整相应的水平层，也意味着教师要不断更新和调整相应的"处方"教学，学生可以接受新的知识，特别是新的思想，这种对学生个人来讲是一种为个体"量身定制"的教学，必然会让学生针对自身的学习问题不断得以改进和水平的提升，必然会体验到学习进步所带来的愉悦，进一步提升了学生学习的主动性和积极性，这种创造性的教学对于学生追求自由和真理也起到了积极的推动作用，有利于学生综合潜力的挖掘和人格的全面发展。

2. 能使学生的语言能力循序渐进

教师在进行语言教学时，要对学生的语言学习水平进行真实而客观的检测，以对他们进行分层，即教师在实施教学时始终要有一个教学的原则：学生输入的新语言知识不应该过多地超出学习者的学习能力，也不能与他们当前的学习水平过于接近，以致学生面对没有挑战的语言知识时缺失了兴趣。而处于某一个学习水平层的学生，因个体之间又存在若干的差异，教师在原有学习水平分层的基础上针对不同的个体又要有所区别，有所微调，最大可能地符合或接近学生个体的特点或学习需求。由此可见，分层处方教学基于学生学习水平层次宏观分层后，进一步针对学生个体当前学习水平状况，将与学生已有的认知结构相匹配的知识内容来施教，让学生在当下的学习水平基础上不断提升，这样才能收到良好的教学效果，这正是大学英语阅读教学的精髓所在。

四、英语阅读分层处方教学的路径与策略

一种新的教学理论或教学方法总是要植根于教学实践，更为重要的是它能否被教育实践工作者接受或认同，一般而言，其先进程度和现实的有效性是重要的影响因素。大学英语阅读分层处方教学作为教学理论与实践的尝试探索，其逻辑起点是为了使得大学英语阅读教学更有效率，当下，有效教学作为学界探讨的热点问题一直备受教育理论与实践工作者的关注，因此，在有效教学视野下探讨分层处方教学对大学英语阅读教学的意义及教师运用分层处方教学的策略，对于提升大学英语阅读教学的效率有着重要的价值。

（一）科学运用英语阅读分层处方教学的价值

随着技术的快速发展和经济的全球化，我们已经步入了知识经济时代，这一时代的到来要求高素质的人才去追求、发现、探索和创造。必然要求新世纪的大学外语教学也需要在时代背景下探索和更新，作为培养学生综合素养与能力的主阵地——英语课堂教学显得尤其重要，我们需要改变教育教学观念、积极探索新的教育教学方式以适应时代的要求与大学生发展的客观需要。

在大学英语阅读教学中，分层处方教学从整体上来说是实践教学，它并非教师在教学过程中对教学理论（因材施教）的简单照搬与运用，而是要求教师在复杂多变的教学展开之前，在个人对英语阅读的专业知识、教学知识及经验基础上，对不同的学生个体实际的学习水平的理性判断，依据客观真实的英语阅读水平的测试结果，调动认知心理理论和经验总结，对学生进行合理的学习水平分层，之后教师须根据不同学习水平层的学生给出相应的学习导向。就某一学习水平层的学生而言，又存在着个体需要、学习风格、学习动机等差异性，教师需根据不同个体的情况而予以对应的"处方"，即真正依据个体的差异而展开教学，这种教学是师生在平等与信任的状态下进行的一种测试、观察、访谈、数据分析和教学调整的创造性的活动，使学生成为学习的主体，养成独立学习和思考的习惯与能力，激发学生学习的自我效能感与学习兴趣，全身心地参与学习，有助于提升大学英语阅读教学的效果。

1. 分层处方教学为阅读教学提供新视角

分层处方教学所遵循的教学守则是：教学的目标是要让每一个学生都能在自己的学习水平基础上将个人的学习潜能发挥到最大值，教学的任务就是教师根据合理的英语阅读测试工具对学生进行客观的测评，按其阅读水平（成绩）对学生进行分层，在每一层的基础上，教师依据不同个体的学生英语阅读存在的障碍开出相应的"处方"（学习方略）。传统教育把考试分数视为学校或教师工作的唯一衡量指标，致使教师在教育教学过程中过分地盲目而从科学主义，极端地走向了"机械"取向，一味地追求学生能做对多少个题目，考分能提升多少，这种单一而又惯化的教学追求成了教师工作的"目标"。而分层处方教学则不同，它是立足于教学过程中不同的学生相异的学习水平事实，并未追求"科学效率"的成绩提升和步调一致，而是在承认学生真实与差异的事实基础上，为不同的学生制定相应的"处方"（学习目标、方法、步骤和资料等）。

同时，教师也需要不断提升自我教育教学水平，不断进行教学反思，以使处于不同学习水平层的学生在自己的基础上不断提高、不断发展，亦即分层处方教学是一个动态的螺旋式上升的复杂过程，在教学中教师担当的是一种"服务员"式的责任，把机械地盲目地要求学生学习，变成了有区别地、针对性地为学生个体"量身打造"地"教"，根据学生个体既有的学生水平（基础）而制定学习目标、努力方向和学习策略，而不再盲目机械地追求学生在一定时间范围内统一达到某种学习的要求（如分数或升学率）。较传统的教育教学而言，分层处方教学有两个方面的突破：第一，从重视智育转向为智育、人格教育与审美教育相结合，以促使大学生基于自身的实际学习水平与综合现状得到最大限度的发展；第二、从只注重少数"学业成绩"好的学生转向全体学生的发展。因此，分层处方教学不仅在教育教学方面为理论研究提供了新的视角，同时在实践教学中取得了较为突出的成效。因此，在某种程度上可以这样说：大学英语阅读分层处方教学是教师在教学过程中选择适合学生个体的教学，而不是选择适合教学的学生。

2. 运用分层处方教学折射教学的个性

教师的教学个性指教师在漫长的教学理论学习与实践推进中将个体的个性特点和教学规律融为一体，表现出来鲜明的独特性和相对的稳定性的一种教学风格。教学是一种受诸多因素影响的复杂性的活动，而教师作为教学理论或方法的践行者，因其个人的性格特征、知识结构、经验积累、成长历程、教学效能都不尽相同，因此，同样一种教学方法，对有的教师而言是有效的，而对有的教师而言却是低效的甚至是无效的，所谓"我以我法上讲台"，对于英语教师而言也一样，不同的教师对同一种教学方法的理解与运用会有所不同，在方法运用过程中所取得的效果也截然不同，形成了各自的特点。分层处方教学其实质是教师基于自身的知识、教学经验、性格特征、用不同的教学策略和技巧，处理不同学习水平层次的学生所面临的英语阅读共性问题和特殊问题，而进行的一种个人特色鲜明的教学实践活动。

教师在英语阅读教学中要实施分层处方教学，必然要对学生的英语阅读水平进行层次的判断与划分，需要强调的是，分层处方教学中的分层是一种隐性的分层，亦即这个水平的划分是教师与学生个体基于事实的合理判断，而非人为的分班或在教学班中"标签"式地公开分级。就学生英语阅读水平的"诊断"（判断学生英语阅读中的共性问题与个性问题），最为关键的是师生之间需要建立相互信赖，教师要做到这一步，需要在日常的教学过程中，通过个人的英语专业水平、教学艺术和人格魅力来获取学生的信任。

3. 运用分层处方教学让学生共同发展

关注每一个学生的成长与发展，既是教育的追求，也是教育的责任，关于对学生认识的问题上，由于受传统教育观念的影响或偏见，不少教师还是存在着一定的误区，如在对待学生学习水平和成绩的问题上，总是误解为理想的学习成绩应该呈正态分布趋势：即少部分学生刚刚达到及格水平或注定不能及格而被划分为"后进生"；大部分的学生能够与教学进程同步或经过努力勉强能够达到教学要求而被划分为"中等生"；少部分学生则能够完全掌握教师所教的知识并能游刃有余，因此被划分为学习"优秀生"。

此外，教师在教学过程中，这种看似合理的学习优劣的划分，实际上是在当前教育体制下对学生成长和发展最抑制性和破坏性的因素，正是基于这种所谓的"合理划分"指导下的教育教学实践，实则是以"牺牲"学生为代价的。

分层处方教学不仅仅带给学生的是英语阅读水平的提升，也引导了学生学会学习、学会判断、学会面对生活，对学生个体而言，可谓是全方面发展，就学生整体而言，既做到了"后进生"在原有基础上的转化、使"中等生"得到优化、使"优秀生"得到更大的发展，使得每一个学生的综合能力都在自己当前的状态下得到最大限度的提升。

4. 运用分层处方教学使学生个性充分表现

伴随着大学教育教学改革的不断深入，教育工作者的主要目标是让所有学生的个人潜力和个性得到进一步的发展和彰显。事实上，在大学英语阅读教学过程中，教师也同样面对的是有差异的学生，学生的差异主要表现为他们在个性方面的不同，即学生将其个性带到英语阅读学习中来，必然给英语教师的工作带来了一定的挑战和压力。

而"有效教学"理念追求的是让每一个学生能在自我既有的基础上得到提升和发展，大学英语阅读教师在课堂中要迎合每个学生的个性和个体需要来展开教学，但如果教师实施的是统一性的教学，而忽视了学生的个体差异，则必然预示着教学低效甚至是无效。所以，探寻一种合理的、可操作的既能面向学生群体又能针对个体的教学成了每一位大学英语阅读教师渴求的愿望。分层处方教学担当了这一"重任"，作为一种英语阅读教学实践的探索，它基于对学生英语阅读水平的客观合理考查基础上进行分层，之后教师在各学习水平层上对学生个体存在的学习问题进行"诊断"和给予"处方"进一步"治疗"，因此，分层处方教学既指向了学生在英语阅读过程中存在的共性问题，又指向了个体存在的特殊问题。

例如，在大学英语阅读分层处方教学的实施过程中，依据合理地对学生英语阅读水平进行分层，处于同一层上的学生在学习存在问题方面总是存在着诸多的相似之处，教师可以在课堂当中进行"分层"这一级的授课，然而学生之间因其个性各异，他们又存在个人特殊的阅读问题。教师则需要开出指向个体的"处方"予以"治疗"（教学指导），而这种教学实际上是课堂教学的延伸和拓展，也就意味着教师需要不断强化个人业务学习、加强教学理性反思，同时也需要耐心细致的教学去审视学生的学业问题，更需要用自己积极的心态去感染、引导学生迎难而上，客观面对学习中存在的问题，积极展开"治疗"。针对不同个性的学生在英语阅读中存在的问题教师需要给出不同的"治疗方案"，如对于阅读策略单一的学生，教师则需用睿智与经验去启发学生对自己的阅读学习进行元学习策略反思；面对英语阅读习惯不要好的学生，教师则需要用缜密的逻辑思维去改善甚至重新构建学生的英语阅读习惯。

值得注意的是，分层处方教学中的"处方"并非万能的，而是需要教师客观合理的考查之后审慎地提出并尝试地运用，既要把握同一类患者的共性问题，同时也要注重个体之间的差异。综上可见，从某种意义上来看，在大学英语阅读教学中，分层处方教学以尊重学生思维差异、认知差异、情感差异等为前提，创造性地开展教学实践，不但为大学英语教学的改革与创新提供了新的视角，而且可以实现教师教学个性化，更为重要的是也有效地挖掘学生的学习潜能，促进学生健康的、独特的个性品质与人格的形成与发展。

（二）合理实施大学英语阅读分层处方教学的路径与策略

当前，我国外语教育领域，包括高等教育层面的外语教育和教学，正在推进全面而深入的改革。此次改革内容涉及面广，指向性强，包括外语教育的方针政策、基本原则、教育理念、教育实施以及教育评价等诸多方面，关系到我国亿万学生的成长成才和可持续发展。

对外语教师而言，新一轮的教改和课改提出了许多新的、值得关注的教育理念和教育原则：强调学生个性发展的"以人为本"的教育观念与教育思想；强调外语学习要指向学生未来可持续发展；强调知识、技能、策略、文化和情感等作为外语学习目标的新内涵；强调外语语境教学、交际教学与综合全面评价理论的借鉴与引进。由此可见，国家英语课程与教学改革的推进对英语语言教学理论与实践提出了新的、更高和更具体的要求。随着大学英语课改与教改新理念、语言新方针和教育新策略的确定及具体改革工作的逐步推行，研究教师如何教、学生如何学、考试如何考和教师如何通过教学实践提高个人素质、促进自身专业发展等已成为当前英语语言教学研究的热点与焦点，大学教师专业培训工作的重要性和必要性也日益凸显。随着人们对大学英语阅读教学认识的不断深化，传统的英语阅读教学显然已经不能完全适应时代对有效教学和教师专业发展的要求。鉴于此，大学英语阅读分层处方教学具有明显的时代担当，它不仅是一种强调学生个性发展"以人为本"的教育理念的教学践行，而且具有显著的有效教学的指向性。因此，大学英语阅读教师应该最大限度地发挥教学活动的主体性，创造性开展教学活动，不仅要从理论上认识大学英语阅读分层处方教学的意义，而且要在教学过程中积极践行分层处方教学，不断提升个人专业发展水平。

1. 自觉接纳分层处方教学的理念

大学英语阅读分层处方教学是建立在尊重每一名学生和学生个体差异的客观事实基础上，追求学生共同进步和全面发展的一种教学理念，从本质上讲，其体现的是一种"以人为本"的教育理念。处方教学在对待全体学生关系上，强调生命的独特性，尊重每一个学生，尤其要尊重学业成绩落后、心存自卑的学生，强调教师要具备人道主义情怀，对学生有发自内心的关爱，不仅要尊重学生的个性，更要注重塑造学生的个性，应该对每个学生的未来与发展充满期待和信心，也是每位教师应该心向往之的教学价值与理念的终极追求。人的任何社会实践都是意识先行，内心真正认可和接受的理念才会自觉自愿地去尝试、实践和推行。教师的教学理念是教师个人在教学实践过程中，通过内因与外因的相互作用，加上合理的反思逐渐形成的。教师首先要从内心认可和接纳大学英语阅读分层处方教学的教学理念和其背后的价值追求，才能在自己的教学活动过程中有意识地、自觉地、合理有效或批判性地践行分层处方教学，从而加强自身专业发展的意识，不断提升专业发展水平。因此，自觉接纳分层处方教学的理念是具体实施这一教学方法的信念引领。

2. 积极构建互信和谐的师生关系

师生关系不仅是教学活动的重要前提，同时也是制约教学效果的重要因素之一。师生关系状况直接影响课堂教学气氛，影响教师教与学生学的积极性，从而对教学效果产生重要影响。大学英语阅读分层处方教学得以顺利开展的前提基础即是师生之间互信和谐的关系。一方面，教师只有在取得学生的高度认可和信任的情况下，才能真正走进学生内心，聆听他们学习英语的切身感受，对学生的英语阅读学习水平有一个较为全面的研判，客观分析学生英语阅读主要问题产生的根本原因，从而给学生提供针对性强、效果显著的教学"处方"；另一方面，学生只有在对教师及其教学方法产生信任的情况下才会积极主动、全面落实教学"处方"的各项具体指导建议，充分发挥学习活动中的主体性，更好更快地提升学习效果。教师要主动地在教学实践中去构建互信和谐的师生关系。

在教学过程中，教师要主动关心、爱护、信任和尊重学生，不仅就英语阅读学习，还可以就个人成长经历、大学生活、人生信仰、时事热点等话题与他们进行坦诚、平等、友好和有效的交流，逐渐与他们建立亲密的友谊，形成互信和谐的关系。这种良好的师生关系一旦构建成功，在教学过程中教师和学生两者的主体性会得到充分发挥，课堂气氛积极融洽，教和学都会变成轻松和愉悦的过程。只有这样，大学英语阅读分层处方教学才能有效实施。因此，积极建立互信和谐的师生关系是大学英语阅读分层处方教学实施的重要前提。

3. 积极建构完善的知识结构体系

一般而言，教师的知识结构主要由专业知识和教育学知识两部分构成，在具体教学实践中，两者缺一不可。外语教学有其独特的教学规律与特点，对教师的要求也和别的专业有一定区别。此外，教师的英语专业知识必须扎实，对于英语阅读、词汇、句法，甚至包括语音语调在内都要表现出专业水准，这样才能在教学实践中厚积薄发，更容易取得学生的信任。另外，教师要对包括英语教学理论、教育心理学等方面的相关知识加强学习，善于对典型教学案例进行经验总结和归纳，为后面的教学指导策略提供经验图式，在今后面对新的教学对象和教学条件时，能够使教学最大限度地发生正迁移。无论作为主体性的英语专业知识积累薄弱，或是作为条件性知识的教育学理论欠缺，大学英语阅读分层处方教学的有效性都会受到影响甚至完全无法开展。因此，教师要不断提升自己英语专业水准和学习教育教学理论，建构和完善个人知识结构体系是有效实施大学英语阅读分层处方教学的实践基础和内在要求。

4. 科学进行教学分层与教学诊断

教师在进行大学英语阅读分层处方教学首先要对学生进行合理的分层，这就必须考虑学生的初始水平，即学习者在进行新的英语阅读内容学习前已经具备的知识技能基础，以及对相关学习内容的认识与态度。学生英语阅读的初始水平与教学目标规定所要达到的水平之间的差距就是学生的学习需要。教师要根据学生英语阅读的初始水平（建议用大学英语四六级、托福、雅思、高考英语等信度与效度均得到广泛认可的考试试卷中阅读部分的测试题目）对全班学生进行前测，如有必要可连续进行三次以上相同难度水平的测试，以确保测试的信度，从而对学生的分层做到尽量客观合理。

另外，由于不同学生英语阅读起始水平存在差异，虽然全班教学目标水平要一致，但是在教学实践中只能是一种理想的状况，在教学现实中，学生的学习需要一定是存在差异的。因此，教师要通过设计调查问卷、深度访谈、有声思维等方式关注和了解学生的个体差异、个性特征、学习特点、学习风格，如语言水平、动机、态度、文化背景、焦虑程度、自尊心等，对其英语阅读水平和现存主要问题进行较为科学与合理诊断。总而言之，对学生进行合理的教学分层与教学诊断是大学英语阅读分层处方教学的必要条件。

5. 实施针对性教学处方指导学习

教师在对学生进行合理的教学分层与教学诊断后，实施针对性教学处方指导学生学习就有了较为充分的依据。具体的教学处方主要分两个部分：一是根据初始水平和英语阅读教学的不同阶段，对每个水平层的学生阅读出现的共性问题在课堂上集中讲解，相当于开设"调理性处方"，给学生提供学习目标、学习策略、学习资料等方面的指导，一般遵循"隐性分层"（不会将学生明确分组、分班、分别讲授等）、从宏观到具体、从低水平层到高水平层的教学原则和教授顺序，尊重学生隐私与自尊，促进学生共同进步；二是在课后针对每个水平层不同学生各自的具体问题再给予"针对性处方"，教师要清楚地了解学生语言知识、文化背景、阅读策略等哪方面出了问题和具体出了怎样的问题，然后再根据每个学生的学习风格来呈现学习内容、确定学习环境、选择教学策略，只有这样才能促进学生的有效学习。

从教的层次而言，大学英语阅读分层处方教学是一种立足于最近发展区的教学。教师要成功实施针对性教学处方指导学生学习，必须设法搞清楚哪些教学内容是属于现有发展区的问题，属于学生完全可以通过独立学习而掌握的内容；哪些教学内容是属于最近发展区的问题，是需要教师指导或同伴互助才能掌握的内容。尤其要强调的是，教师对学生学习策略指导的主要目标是要改变学生对自己学习能力的看法和态度，让他们明白英语阅读学习不够理想的原因并不是用功不够或学习能力差，而主要是缺乏有效的学习方法与策略。

在教学实践中，教师需要向学生解释英语阅读策略并说明运用该策略进行阅读的益处和预期效果；接着教师要给学生详细演示阅读策略运用的过程，让学生模仿并提出策略运用的反馈意见；教师要不断提醒和鼓励学生在课堂和课后阅读训练中使用所学策略，并及时给予他们正向评价和鼓励，让学生体会学习进步的喜悦和成就感，激发学生的学习动机，调动他们的学习积极性，引导他们主动参与和全身心投入到学习活动中；此外，教师要对学生有充分的信任和期望，具体体现在针对学生具体学习问题，课堂讲授之后要留有一定难度的学习任务让其独立完成以促进每个学生的发展；同时，教师要给学生一定的学习自主权，让他们充分挖掘和展现自己的学习潜能；最后，教师要帮助学生总结英语阅读策略学习经验，培养他们元认知学习策略，提高学生对本人学习风格、学习方法和学习任务的敏感性，帮助学生学会对自己的学习进行反思，指导他们针对自身特点确立学习目标、制订学习计划，选择适合自己的方法学习，最终达到自我"诊断"、自我"处方"、自主学习的良性循环的教学效果。显然，教师根据学生英语阅读水平层呈现问题，针对性的实施教学指导是大学英语阅读分层处方教学的精髓。

6. 增强教学理性反思与自觉实践

教学反思长期以来是教师在教学实践过程中提高个人业务水平的一种有效手段。大学英语阅读分层处方教学作为一种有效教学视野下探索性的教学实践与研究，更要求教师要对自己的教学理念、教学方法和教学实践进行持续、积极、自觉和深入的再思考和再认识，总结教学经验教训，从而进一步提高自身教育教学水平。具体而言，教师要善于在教学过程中，针对不同英语阅读水平层面、不同特点的学生评估与分层依据、学生个体学习问题的"诊断"与"处方"的适应性和有效性，以及具体个案呈现出的规律性和特殊性要加强教学理性反思并进行自觉实践，积累和优化"分层""诊断""处方"等方面的经验图式，不断完善和提升自己的英语阅读教学水平。教师通过对大学英语阅读分层处方教学实践进行理性反思和自觉实践，不仅可以深化教师对教学的理性认识，进行合理性的批判、思考、分析，追寻其背后的理论支撑和教育价值取向，还有利于教师真正走近学生、了解学生、从学生中来到学生中去。只有这样，教师才能真正认识、理解教学存在的问题，思考教学实践的重要性，真正明确并自觉承担起自己教书育人的专业责任和教育职责。由此可见，加强教学理性反思与自觉实践是有效实施大学英语阅读分层处方教学的动力源泉。

综上所述，大学英语阅读分层处方教学研究尝试为大学英语阅读教学提供有意义的指导。大学英语阅读分层处方教学吸收了以往多种英语阅读教学方法的优点，而且与其他教学法并不排斥。大学英语阅读分层处方教学深入体现"以人为本"和"因材施教"的教育思想和教学理念，强调要贯彻以学生为中心的原则，充分发挥学生和教师双方的主体性作用，能够帮助学生更加客观认识自己、养成良好的学习习惯并获得积极的终身学习的能力。与此同时，大学英语阅读分层处方教学也能从教学理论与实践两个层面为大学英语教师专业发展提供可借鉴的有效路径。

第二节　英语阅读中的交互阅读法

一、英语阅读中交互阅读法的培养策略

"阅读不仅仅是解码或理解的过程，也不仅仅是理解+解码的过程，阅读还应包括成熟的阅读策略。"[①] 阅读策略就是阅读中的计策、谋略，它是指阅读主体为保证阅读任务的完成、阅读效率的提高，对阅读活动进行调节和控制的一系列谋略。根据 H. Douglas Brown 的理论，常用的有效阅读策略有以下几个方面：

第一，识别阅读目的。读者对阅读目的应十分明确，只有这样，才能够得到所需要的信息，排除潜在的干扰信息。

第二，默读。默读适合中、高级水平的快速阅读。阅读时，不必读出每一个单词；不要一次仅注意到单个词语，而是一个短语或一个意群；如果某个单词对于整体理解不是特别关键的话，将其忽略过去，或者根据上下文猜测词义。

第三，略读。略读是通过对整个篇章（一个章节、一篇文章）的浏览去获得文章的大意。略读可以使读者预测到篇章的目的、主题、主要信息，甚至主要观点。

---

① 龚英君. 浅谈大学英语中的交互阅读法 [J]. 伊犁师范学院学报，2006（2）：125.

第四，查读。查读就是在阅读中有意去获取篇章中某个具体的信息——名字、某个日期、表格、概念、事实等，而没有必要进行通篇阅读。

第五，绘出语义图或者语义丛。通过图示、归类，推测出一篇文章的顺序、结构和级别。

第六，猜测。阅读是一种猜测游戏，应充分利用各种技巧做出合理、近乎准确的猜测。猜测可分为：猜测词义、语法结构、语篇关系；推测暗含含义、内容信息等。猜测应建立在一定的语言知识基础上，例如词义分析、词语联系、篇章结构等。

第七，单词分析。单词分析是有效的猜词方法。通过其前缀、后缀、词根、语法语境等，可获得对某个生词的更多信息。

第八，辨认字面意思和引申义。要运用自上而下的语言处理技巧，而不是仅通过字面、句子表层结构来对具体信息进行处理。

第九，抓住篇章信号词来处理句子关系。准确地理解信号词能提高阅读的效率。

高明的读者会利用各种策略，对视觉信息进行筛选，选择那些与预期相吻合的最少量的视觉信息。阅读策略的选择取决于阅读目的、语篇、类型及上下文等。当读者具有相当丰富的图式知识（相关背景知识）时，他倾向采用自上而下的阅读策略（如根据语境预测下文内容），并间或采用自下而上的阅读策略（如识别单词、短语）作为补充；反之，当读者拥有足够的语言知识时，他则倾向于自下而上的阅读策略。因此，我们要训练学生的阅读策略，因为它是提高阅读理解的最有效的途径之一。如果学生掌握了这些阅读策略，他们就可以把这些阅读策略运用到任何篇章的阅读中去，从宏观上把握篇章，并主动积极地阅读。

二、英语阅读中交互阅读法的课堂教学

第一，创设愉悦的阅读情境。根据人的心理特征，创设一定的阅读情境，有利于激发学生的阅读动机和兴趣，从而使他们喜欢读、善读、勤读，并逐步形成条件反射，养成好的阅读习惯。教师应善于在学习一篇文章的开始，就抓住学生的心理，把学生引入一定的情境。具体做法可以是先简短介绍文化背景知识、作者情况或让学生课前查资料，在课堂上交流。也可以从讨论题目着手，从题目预测文章内容之后再进行阅读；提出与文章中心内容有关的问题，让学生带着问题去阅读；或把阅读材料与教师或学生的亲身经历、兴趣、需要等联系起来。此外，还可以用短小的故事、有趣的新闻或一幅画、一张照片，通过幻灯、音像、电脑等多媒体手段进行巧妙导入，给学生直观感受，诱发学生阅读的兴趣。

第二，运用"三段式"进行课堂教学：即读前阶段、读中阶段及读后阶段。指导学生运用交互式的阅读方法，在读前阶段向学生提供其缺少的知识，帮助他们在头脑中组织相关的知识，提高他们的兴趣。在这一阶段，要根据教学内容和学生的实际水平，通过标题、关键词语或情景引导他们对内容进行预测，着重培养他们的预测及使用背景知识等阅读策略。读中阶段，根据情况在语言层次、背景知识和语篇层次这三个方面的联系上找出最佳结合点，以点带面，灵活处理。具体而言，课文教学不宜从头到尾地串讲，应提出一些要求、设计一些活动，指导学生运用交互阅读方法，积极主动地阅读。训练学生快速查读、预测、推断，明确作者意图等阅读策略。在读后阶段，进一步检测学生的阅读理解的程度，并巩固其语言知识，训练其技能。设计一些与课文有关的活动，如对一些故事性较强的课文，可让学生改写成对话或短剧，再由学生扮演角色表演，这样不仅锻炼了学生的语言能力，而且提高了他们的学习兴趣。有些课文可以在教师指导下进行改述，既可进一步帮助学生理解语句和语言点，又可培养他们的表达能力。另外，讨论、辩论、描写与辨认、语言游戏、智力竞赛等活动都是很受欢迎的读后活动。强调既要教给学生语言知识、图式知识，又要培养学生学会运用各种阅读策略，培养学生对交互阅读方法的敏感性。

第三，延伸课内阅读，提高学生的阅读自动化程度。在外语教学中，为了建立和丰富学生的各种图式，教师应该指导学生阅读有关国家文化的书籍，如政治学、艺术史、美国地理、英国风情等方面的内容。因为对文章的内容熟悉，在一定意义上可以弥补某些语言知识的不足。"当学生养成这种用推测来填充文化缺乏的思维方式，能对他们产生积极的影响。"① 为了确保学生能完成一定的阅读量，可采用讨论、讲座、读书口头报告等形式进行检验，教师给予及时的反馈。作为课堂阅读的补充与延伸，大量的课外阅读是提高学生的阅读自动化程度的有效途径。

第三节　英语阅读中的体裁教学法

一、英语阅读中体裁教学法的认知

体裁教学法（Genre-based Teaching Approaches）建立在语篇的体裁分析基础上，把体裁和体裁分析理论自觉地运用到课堂教学中去，围绕语篇的图示结构开展教学活动。体裁

---

① 龚英君. 浅谈大学英语中的交互阅读法 [J]. 伊犁师范学院学报，2006（2）：125.

教学法的目的有三点：①让学生了解不同体裁的语篇有不同的交际目的和篇章结构；②让学生认识到语篇不仅是一种语言建构，还是一种社会的意义建构；③让学生既掌握语篇的图示结构，又理解语篇的建构过程，从而帮助学生理解或写出某一体裁的语篇。

体裁教学法在国外有三个流派：①ESP 和 EAP 领域的体裁教学法。体裁教学法在 ESP（English for Specific Purposes）和 EAP（English for Academic Purposes）领域内十分流行。从事这方面教学和研究的人认为，"通过对专门用途英语语篇进行体裁分析，可以引导学生掌握语篇谋篇布局的机制及其文体特征"①。在进行分析时，Swalesian School 常把语步（move）和步骤（step）作为语篇分析的出发点。②新修辞学派的体裁教学法。新修辞学派指在北美从事修辞、作文研究和职业写作教学的一批学者，他们推崇体裁教学法是为了帮助大学生和从事某一职业的新人了解特定体裁的社会功能和它的使用场合。这一流派对传统的 ESP、EAP 教学产生了很大影响。③Australian School 的体裁教学法。在澳大利亚，体裁教学法主要用于中小学的写作教学。在实施过程中，教师和学生共同参与一系列的教学活动，以便帮助学生掌握特定体裁的语篇图示结构，从而指导以后的写作实践。

此外，运用体裁教学法来教授阅读的目的是引导学生对特定体裁的语篇结构进行分析，并将体裁分析运用于阅读理解活动之中，从而提高阅读速度和效率，其主要教学步骤包括：①体裁分析：通过实例讨论 news story 这一体裁的"图示结构"；②模仿分析：给学生第二篇 news story，让其按上述原则进行分析；③小组讨论：给学生第三篇段落打乱的 news story，让学生按这一体裁的图示结构把它正确排序，组成连贯的语篇；④独立分析：让学生自己找一些此类体裁的语篇来分析和评价；⑤深入分析：分析这一体裁的语言和风格；⑥模仿写作：通过写作使学生更深刻地体会到这一体裁的结构特征和语言风格。

二、英语阅读中体裁教学法的应用

在英语阅读教学中，让学生了解并掌握不同体裁的文章有着不同的交际目的，因而有不同的语言和结构特征，会使他们在再次接触到同类体裁的文章时更自信地投入阅读中，并且，大脑中储存的相关"图示结构"使得他们很快地抓住文章的结构特征和中心思想，最终达到提高其阅读理解能力和阅读速度的目的。例如，在讲解议论文、说明文时，用"一般—特殊型"和"问题—解决型"分析模式，在讲解记叙文时运用叙事结构模式，有助于学生认识和了解语篇结构。一旦掌握了语篇结构，就等于把握了整篇文章的命脉，在阅读过程中就能成功地预见接下来的内容，也就能提高他们的阅读速度和阅读理解能力。

---

① 贺亚男. 大学英语阅读及写作教学研究 [M]. 成都：电子科技大学出版社，2015：60.

另外，运用体裁教学法进行英语阅读教学，能使学生掌握相对稳定的、可以借鉴的语篇模式，从而增加其阅读同类体裁语篇的信心和提高其阅读理解能力及阅读速度。但由于现实生活中体裁种类繁多，使得体裁教学法在英语阅读教学中的运用存在一定的局限性。但是，在学生英语阅读速度和阅读理解能力普遍偏低的今天，体裁教学法仍不失为一种很好的选择：我们通过使学生了解并掌握特定体裁语篇的"图示结构"、语言特点及其交际目的，帮助他们更好地理解符合特定体裁的语篇，从而提高他们的阅读速度和增强他们的阅读理解能力。

第四节　英语阅读中的任务型教学法

"任务型教学法作为新型教学方式，其在大学英语阅读教学中的运用尚处于探索阶段，仍需进一步完善和优化。"[①] 通过运用任务型教学法，有助于明确大学英语阅读教学目标，增加学生运用英语交流及互动的环节，切实提升课堂教学质量，增进学生对相关知识点的理解，提高学生的语言理解水平，故而在大学英语阅读教学中极具运用价值。

一、英语阅读中任务型教学法的认知

任务型教学法（Task-based Language Teaching）于 20 世纪 80 年代在世界语言教育界兴起，多应用于英语语言教学中。在教学活动中，英语教师根据本节课程特定的交际项目，设计出具体的任务，要求学生通过不同形式的语言活动来完成任务，最终达到学习和掌握英语语言的目的。任务型教学法适合应用在大学英语的阅读教学中，它最大的特点就是学生在完成任务的过程中既可以对新学习的知识进行理解和运用，又可以对曾经学过的知识进行巩固复习，从而实现了新旧知识的衔接，培养了学生分析阅读材料的能力。

任务型教学法在英语阅读课堂教学的应用有其独有的特征及优点，这些都是传统英语阅读课所不能比拟的。在课堂上，教师布置任务要求学生合作完成，这有助于培养学生的合作精神和人际交往能力，激发学生学习英语的兴趣。在完成任务的过程中，学生的语言知识与语言技能相互结合，有助于培养学生综合的语言运用能力。每个学生都有需要完成的任务，这也会培养学生独立思考的能力，启发他们的想象力和创造性思维，养成良好的学习习惯。

---

① 王静，李世萍. 大学英语阅读教学中任务型教学法的应用分析 [J]. 海外英语，2019（5）：2.

（一）任务型教学法的任务结构

在任务型教学中，教师要设计出合理有效的任务，就要了解任务的结构。任务的结构分成六部分，分别是任务目标、输入材料、活动、任务环境、教师角色、学生角色。

第一，任务目标。指通过让学生完成一系列的活动所要达到的目的。它不仅指学生对学习知识的掌握和提高解决某种交际问题的能力，还包括培养学生情感、态度和技能等方面的能力。值得注意的是，一项任务的目标并不都是显性的，它也可能是隐性的，并且任务和目标之间也并非对应关系，一项复杂的任务可能同时具有几个不同的目标，这些目标之间并不是相互排斥的关系。

第二，输入材料。所谓输入材料是指在执行任务过程中所要使用的资料。材料的形式多种多样，可以是文字材料，也可以是图画、录像、录音等非文字材料。但是这些材料都应来源于现实生活或者是反映社会生活的各个方面，这样才能体现输入材料的真实性，进而能为课堂的真实化和社会化创造条件。

第三，活动。活动是指学习者运用输入材料来做的事情。活动开展的形式是采用小组合作或协作的形式。这样的学习过程，有益于激发学生的学习积极性，促使学生不断地发现问题、解决问题，提高学生的语言交际能力。

第四，师生角色。师生角色是指教师和学生在执行学习任务的过程中所起的功能作用。在任务型教学中教师是帮助者、任务的组织者和监督者等；学生是任务的参与者、执行者、交际者、建构的学习者、协作的学习者和反思的学习者。

第五，环境。环境指课堂教学的组织形式，包括任务完成的方式（个人操作或小组合作）和任务时间的分配，也包括课堂教学或课外活动等。在任务型教学中，教师要为学生创设一个真实的情景，使学生的学习有一种身临其境的感觉。

（二）任务型教学法的类型划分

与任务的定义一样，关于任务的类别也是众说纷纭，不同的视角有不同的分类。

第一，根据难易度可以将任务设计分为六种类型：列举型、排序与分类型、比较型、问题求解型、交流个人经验型和创造型。其中有些任务比较简单（如列举任务），适合初学者或水平较低的学生；有些任务却相对复杂（如创造型任务），需要不同的认知参与，因而对学生的层次和语言水平要求要高一些。

第二，根据所侧重的语言技巧的不同，任务可分为听、说、读、写等任务。但这种分类违背了任务的基本原理，即任务是为整体学习和体验学习提供机会。只侧重于语言的某一孤立方面，任务会面临着失去任务性的危险，即任务变得越来越像练习。更为整体的任务可根据学习者活动种类来划分，如角色扮演、作决定、信息差任务、拼版式任务、整体听写任务、辨别差异等。

第三，根据互动特征（互动者的关系和互动要求），可分为交互式或非交互式任务，单向或双向式任务。互动特征影响学习者理解输入、获得反馈和改善输出的机会。任务还可以根据目的取向（任务是否要求参与者达成一致结果或保留不同意见）分为收敛式或发散式任务。根据结果的不同，任务可分为开放式和封闭式。在封闭式任务中，只要求一个结果，而在开放式任务中，允许有几个可能的结果。

第四，根据语言焦点的不同，任务可分为聚焦型任务和非聚焦型任务。聚焦型任务旨在引导学习者加工某一特定的语言特征，如接受性理解或产出某一语法结构。其目的在于新语言形式的辨别和内化。而非聚焦型任务并不要求学习者使用某一特定的语言形式，其目的在于学习者语言综合行为绩效的提高。

第五，基于修辞学理论，即根据不同的语篇应用领域所具有的不同的语篇结构和语言特征，任务包括叙述任务、指导任务和描述任务。另一种理论上更理想的划分方式是"体裁"概念。体裁是指"具有共同交际目的的一组交际事件"。某一特定的体裁不仅要有惯常的结构和风格，还要有相同的交流目的，这些体裁包括食谱、求职信和医疗咨询等。

第六，根据认知活动划分。由于任务涉及信息的选择、推理、分类和排序等认知过程，因此，可以根据不同任务所包含的认知活动来划分任务。根据认知活动的类型区分了三类任务：信息差任务、推理差任务和观点差任务。任务所需的认知加工水平与任务所引起的语言构建和重构之间存在着一定的联系。

（三）任务型教学法的设计原则

在任务型教学中，学习者的积极投入任务过程是任务完成的必要条件，如何实现这一任务的基本特征是教师和学习者关心的问题。如果学生只是应付式地完成任务，将很难达到预期效果，即会出现流于形式和浪费时间的情况。那么，教师如何设计任务显得尤为关键，以下是任务设计时应遵循的原则：

第一，真实性：所谓真实性，指的是在教学过程中，首先，教师设计的教学活动或任务中所输入的材料，应与学习者在日常生活和社会活动中能接触到或能亲身经历的事情相关；其次，执行任务的情景以及具体活动应尽量贴近真实生活；再次，在学习、互动的过程中，学习者或小组成员根据自己的亲身经历去讨论、交流、辩论；最后，评价方式采用真实性评价。

第二，趣味性：有趣的课堂交际活动能有效地激发学习者的学习动机，使学习者主动参与学习。教师在设计任务型教学活动时，要注意活动的趣味性，活动的内容也要丰富多彩，要体现鲜明的时代特征和生活气息，使学生乐于参与到课堂当中来，最终能达到完成任务的目的。当然，设计的任务也要具有一定的挑战性，这样才能激起学习者持续学习的兴趣。

第三，互动性：互动性是指交际的方式是双向的，如对话、会话、讨论等。互动必然会带来意义协商，以及对错误的地方加以修正，使信息的交流和知识的建构成为可能。

第四，过程性：任务型教学重视的是"学生知道如何学习"，而不是"学生学到什么"，所以这样的学习过程是老师先设计一个任务，让学生自己或以小组的形式去完成，完成任务的过程是一个意义建构的过程，在这个过程中肯定会遇到不少问题，这就需要学生根据自己的实际情况做出不同的反应，再采用适当的方法去解决问题。

第五，操作性：在教学中，设计的教学任务应当要考虑它在课堂中的操作性问题，即要简单易行，要尽量避免那些环节过多、程序复杂的课堂任务；在活动设计时，也要考虑到任务的时间问题，既不可以过长也不可以过短。

第六，课堂学习和课外运用相结合：传统的教学只要求学生掌握课本内容，而任务型教学要求把课堂学习和课外运用相结合，这充分体现了学以致用的理念。课堂和课外相结合可以缩小课堂与社会的距离，这有利于激发学生的内在动机。

二、英语阅读中任务型教学法的运用

《大学英语教学大纲》对大学生英语阅读能力方面的要求是：能顺利阅读并正确理解语言难度中等的一般性题材的文章，掌握中心大意，了解中心大意的事实和细节，能根据听读材料进行一定的分析、推理和判断，了解作者的观点和态度。除此以外，大纲还对大学教师提出要求：大学英语教学应帮助学生掌握良好的语言学习方法，始终注重阅读能力的培养。在大学英语阅读教学中如果融入了任务教学法，则可以打破传统英语阅读的教学习惯，为大学英语阅读课堂注入新鲜的知识。

任务型的课堂教学可以分为三个步骤：前任务阶段、任务循环阶段以及语言聚焦阶段。依据我国现阶段的大学英语教育情况，可以利用 Jane Willis 的分类步骤将其分为阅读前任务、阅读中任务及阅读后任务三个步骤。

第一，阅读前的任务。英语教师可以在阅读前布置阅读任务，即教师引入任务阶段。本阶段的重点是在介绍此次阅读任务要求的同时对学生提出完成任务的几个基本步骤。在此阶段英语教师还应该简要介绍相关的文化背景知识，适当呈现相关的语言知识点。

第二，阅读中的任务。阅读中的任务布置是核心部分。教师可以设计出几个小任务，任务形式可以多样，既可以是问题回答，也可以是报告形式，还可以布置表演、辩论等。要求学生通过合作完成阅读任务，在完成任务的同时要尽其所能运用到曾经学习过的语言常识，同时结合本节课堂的知识点有所创新。此阶段是让学生在任务的驱动下进行语言知识的学习，同时进行技能训练。教师可通过组织学生完成各项任务，在完成任务中学习，在动手中练习，在实践中巩固知识，使课堂阅读教学产生事半功倍的效果。此阶段实施过程中，教师应注意自身角色的定位，在学生开展任务活动中，教师要充当监控者的角色，让学生独立完成任务，同时教师要注意观察学生在活动过程中是否出现不合要求或是无从下手的情况，并加以引导。

第三，阅读后的任务。学生阅读后可以展示完成任务的情况，形式也可多样化，如汇报、表演、讲述等，英语教师此时可以进行总结对比，这一过程属于课堂教学的反思环节，教师既可以对学生任务完成的情况进行评价，同时也可以让学生了解任务型教学模式的特点。教师可根据学生完成的情况及存在的问题对阅读课文进行适当的语言讲解及点评。此外，本阶段还应该融入一些其他的相关阅读练习，用以巩固阅读方法。在整个任务型教学过程中，要注意的是任务完成后的评价必不可少，教师要及时、恰当地对学生的任务成果做出评价。

第三章 现代英语阅读中的教学活动设计

第一节　英语阅读教学活动设计的认知

所谓阅读教学活动设计指根据课程目标，在分析教材和学生需求的基础上，依据特定的教学理念设计能够实施大学英语课程学习目标的活动。与备课不同的是，阅读教学活动设计所研究的是不同类别、不同层次、满足不同目的要求的教学活动或学习活动，不包含课堂教学的其他因素和环节。因此，"为促进大学英语阅读教学取得更好效果，提升工作实效性，采取措施提高阅读活动设计水平是必要的"①。

一、英语阅读教学活动设计的分类

依据不同的标准，人们对阅读教学活动的分类不同。"根据阅读过程，阅读活动可分为读前活动、读中活动和读后活动；根据阅读的模式可分为常规阅读活动、任务阅读活动和项目阅读活动；根据评价可分为阅读能力和阅读策略诊断活动、阅读理解能力培养活动、阅读策略培养活动和阅读目标达成评价活动；根据阅读培养的目标可分为信息辨认能力和观点态度理解能力。"②

一般而言，大学英语阅读理解能力主要包括信息辨认、主题和细节理解，根据信息进行推理判断等。《大学英语课程教学要求》也没有跳出常识性观念的局限，其大学英语教学要求中"一般要求"对阅读能力要求的描述为以下几个方面：

第一，能以中等速度（每分钟达到 70 词）基本读懂语言难度中等，一般性题材的文章，理解其大意及主要细节。

第二，能以较快速度（每分钟 100 词）阅读篇幅较长、难度略低的文章。

---

① 钟传根. 大学英语阅读教学活动设计有效性与趣味性 [J]. 校园英语，2017（45）：1.
② 王笃勤. 大学英语阅读教学活动设计 [M]. 哈尔滨：哈尔滨工程大学出版社，2010：4.

　　第三，能借助词典阅读本专业的英语教材和题材熟悉的英文报刊的文章，掌握中心大意，理解主要细节和有关细节。

　　第四，能读懂生活中常见表格如注册表、申请表、问卷调查表等。

　　第五，能读懂指示语、产品说明书、广告、海报、邀请函等。

　　第六，能读懂涉及日常生活的个人信息或内容一般的商业信函。

　　第七，能浏览互联网上的一般信息，基本读懂国内英文报刊，理解大意及主要细节。

　　第八，掌握了基本的阅读技能，如根据上下文猜测生词或习语的意思、寻读、略读等。

二、英语阅读教学活动设计的阶段

（一）需求分析

　　需求分析是教学设计的前提。阅读教学中的需求分析主要包括课程目标分析、单元学习目标分析、学习需求分析和资源分析。

　　不同的学习阶段课程目标是不同的。与基础阶段的阅读不同，大学英语的阅读不是以培养阅读技能为目标，而是以阅读技能的应用为目标，即通过阅读扩展学生的知识、培养学生的综合素养。阅读理解的人文素养培养功能超过了阅读理解的技能培养功能。但是，这一点往往被大多数英语教师甚至课程标准或者教学大纲，如《大学英语课程教学要求》制定者所忽视。学生需要读懂各类文章，也需要了解文章大意、作者的观点等，但是大学英语阶段的阅读在满足这些阅读目的的基础上应该再进一步，超越技能培养，指向学生的综合发展。

　　此外，不同学习者的认知特点、多元智能、语言基础、兴趣爱好不同，教学设计必须符合学生的这些需求，要满足学生的需求，就要在设计教学活动之前对学生在这些方面的差异以及需求进行分析，可以采用问卷调查、访谈、测试等方式了解信息，根据学生的需求设计活动。例如，有的学生习惯个体活动，有的习惯集体活动；有的擅长分析，有的习惯综合学习；有的习惯视觉学习，有的习惯触觉学习，也有的习惯动觉学习。在设计教学活动时如果能考虑到这些因素，教学就会更加有效。每种能力的培养都有多种方式，教师要选择学生最喜欢的方式开展教学，要培养学生的多种能力。如果阅读教学不能采用丰富多彩的活动，不能设计不同层次的活动，即使学生的语言能力有所发展，也不会得到健全发展。

　　教学设计自然离不开资源分析。很多活动从设计层面上评判是科学的，但是如果没有技术支持，没有可用资源，设计也会难以实施。在设计教学活动时要分析教材资源、网络资源、技术设备以及教师自身的能力，在资源条件相同的情况下选择最经济、最有效的方式。

（二）确定单元学习目标

任何教学活动都是为了实施某个教学目标（或学习目标）而设计的，要设计适当的教学活动，就必须清楚每个单元、每一堂课的教学目标。教学目标的确定一般要经过以下步骤：

第一，教师可以对阅读目标进行分类：知识类、领会类、运用类、综合类、分析类和评价类。如果某一堂课的教学目标属于知识类目标，接下来就要描述知识目标的表现形式，如"转述故事事实信息""根据图片讲故事"等。

第二，领会，不能只是简单的"理解文章主题""理解作者的观点"等，而应该明确其具体的表现形式，如"能够解释作者的观点""能够解释文章的主题"等，或者是"能够写出段落主题""找出中心句"等。

（三）设计教学活动

目标的具体表现形式确定以后，活动的形式也会自然明晰。但是教学活动设计不能只有活动的类别或形式，一个完整的活动必须明确活动的目的、活动的组织方式（是个体活动，还是两两活动或小组活动，还是先个体后小组）、反馈方式，必要时还必须提供评价方式，如评价的标准、评价的操作等。在具体备课时还必须明确时间分配和应急方案。

（四）评价教学活动

要完善教学设计就必须对教学活动进行评价。教学设计的评价指对具体操作中的具体情况和活动目标达成情况的分析，找出活动设计的优点和存在的问题，以便改进教学活动。评价主要观察活动是否按照预期的方式进行，学生参与情况如何，是否达到了预期的目标。

要对教学活动设计进行评价，教师首先要收集与活动相关的信息，然后对照原始计划进行分析。教师可以在教学过程中通过观察，记录、收集活动开展的信息，如可以通过问卷或座谈的方式了解学生对活动的看法，也可以邀请同事听课帮助观察，通过与同事研讨分析问题，改进教学。

第二节　英语阅读中的分析类活动设计

一、英语阅读中分析类活动的认知

（一）分析概述

分析指将材料分解成各组成部分并且确定这些组成部分是如何相互关联的，人们一般将分析看作是理解的扩展，或者是评价的前奏。分析包括要素分析、关系分析和组织原理分析，阅读中的分析一般指要素分析和关系分析。

1. 要素分析

所谓要素分析指能够区分阅读材料的组成要素，表现为能够划分文章的篇章结构，分析主题句、结论句等。这一点与文章结构理解是一样的，这也就是为何有的著作、有些专家把分析作为理解的一部分的原因。

不同体裁的文章构成要素不同，在进行要素分析之前，必须了解各类文章的构成要素。例如，故事的构成要素为 who、where、when、why、how 五大要素，而文章的结构可以包括场景、人物、情节、高潮等，文章可能采用倒叙、插叙的方式。说明文和议论文可能采用例证、比较对照等段落发展模式，其构成要素一般包括论点和论据，主题句、支撑细节、结论句等。而要素分析也因此指能够识别、区别这些组成要素。

2. 关系分析

关系包括文章各要素之间的关系、段落之间的关系以及句子之间的关系，单词的指代关系同样属于关系分析的范畴。

文章各要素之间的关系指文章中要素之间的说明与被说明之间的关系，即论点与论据的关系，主题与支撑细节之间的关系，各要素之间的起承转合关系等。一般而言，段落之间以及句子之间的关系包括递进关系、转折关系、因果关系等。单词的指代关系包括前指和后指，是文章逻辑的纽带，同样是分析的对象。关系的分析同样包括识别论据中的逻辑错误，区分相关陈述与不相关陈述等。

（二）分析类活动的特征

1. 分析类活动层次

分析类活动根据文字的篇幅可以分为句子层次、段落层次和语篇层次三个层次。其中段落层次又有自然段层次和结构段层次之别；语篇层次在本书中是指完整的语篇。

（1）句子层次。对句子层次逻辑关系的分析主要是分析句子内部各成分之间和句子之间的逻辑关系。句子层次的逻辑一般通过连词来表现，但有时也未必使用连词来明确表现逻辑关系，此外标点符号也具有提示句内逻辑关系的作用。逻辑关系也因此有隐性和显性之分。

第一，隐性逻辑。连词固然具有揭示逻辑关系的作用，但英语同样遵循着内在逻辑性的原则，句子内部各组成部分之间、两句之间即便没有明显的逻辑连词，也可以通过阅读推断二者之间的关系。此外，各种从句，尤其是同位语从句和定语从句都对主句具有定义或解释说明的作用。伴随状态和独立主格也扮演着因果、条件等角色，为主句提供支持。因此句子成分的分析不再是语言点的掌握，而更多是句子层的分析活动。例如，The society developing along with the scientific and technological evolution, hu-man living standard is elevating fast. 该句没有出现连词（除了两个并列的形容词之间的 and），但从上下文判断，主句"人类生活水平提高"的前提条件就是独立主格部分"社会随着科技进步而迅速发展"，二者之间形成了条件关系或者因果关系。句群逻辑分析同样有这种情况，句子之间的逻辑隐含在语义之中，但没有采用显性的逻辑连词来连缀。这样的分析活动要求更高。

句子层次的隐性逻辑还可以通过标点符号如破折号、括号、引号、冒号和分号等表达，这里将介绍常用表达符号的逻辑表达功能。标点符号是辅助文字记录语言的符号，是书面语的有机组成部分，用来表示停顿、语气以及词语的性质和作用。常用的标点符号有16种，分点号和标号两大类。点号的作用在于点断，主要表示说话时的停顿和语气。点号又分为句末点号和句内点号。句末点号用在句末，有句号、问号、叹号3种，表示句末的停顿，同时表示句子的语气。句内点号用在句内，有逗号、顿号、分号、冒号4种，表示句内的各种不同性质的停顿。标号的作用在于标明，主要标明语句的性质和作用。常用的标号有9种，即：引号、括号、破折号、省略号、着重号、连接号、间隔号、书名号和专名号。标点符号的功能不仅仅是标志停顿，它们往往具有连接句子各部分、标明逻辑关系的作用。尤其像逗号、破折号、冒号、分号等具有多种可能性的符号更是影响了阅读理解的准确性。因此在阅读过程中，必须重视标点的逻辑连接作用。教师可以通过有目的的活动，引导学生做出具体的判断；当然通过阅读前的准备活动进行图式激活也有助于学生正确地判断。

第二，显性逻辑。显性逻辑是指文本通过明显的逻辑连词来表明句子之间或者分句之间的逻辑关系。例如下面这两个句群：

例1：Education plays a very important role in the modernization of our country. However, because of historical factors, there are still a lot of people in China who are undereducated, especially among youngsters in rural areas. They cannot afford the expenses of schooling and need help.

例2：Education plays a very important role in the modernization of our country. At the same time, China is not able to invest too much money in the matter at present time. It is in this particular situation that the authorities carry out the Hope Project

However 和 At the same time 就是典型的逻辑连词，它们点明了前后两句之间的关系分别是转折和递进关系。有了这些词，读者阅读起来会倍感文理清晰。某些副词也扮演着逻辑连缀的角色，使文章跌宕起伏，令读者随之情绪转移、态度变化。英语连词大体有以下类别：

一是表示时间与频率的词汇：in general, every, some, after, on the whole, usually, most, at other times, in most cases, frequently, main, finally, as a rule, rarely, before, meanwhile。

二是表示附加的词：additionally, as well as, just as, again, along with, also, further, furthermore, likewise, in the same manner, in the same way, in addition to。

三是引出例子的词：for example, namely, for instance, as an example, that is。

四是表示转折的词：although, instead, rather than, but, nevertheless, though, however, on the other hand, otherwise；

五是得出结论的词：all in all, in consequence, in brief, as a result, the point is, in conclusion, therefore, hence, in sum.

如果句子之间或句子内部使用了连词，就说明作者在有意识地彰显被这个连词连接在一起的两个部分（句子或分句）之间存在某种逻辑关系。这是英语的典型特征，而中文里连词的使用并不频繁，很多句子是靠句子内容的内在逻辑维系，而没有明着使用逻辑连词。因此，连词的掌握情况也会影响学生对文章的理解和分析。

（2）段落层次。段落层次的分析存在于各自然段之间的意义构成和逻辑过渡，主要包括段内逻辑和段间逻辑两类。

第一，自然段内部的发展。比较典型的完整的自然段由三部分组成：主题句、扩展句和结论句。主题句是英文段落的典型特点，文章的所有材料和论述都是围绕主题句展开的，多安排在段落的开始和末尾。发展句必须围绕核心议题层次分明地发展、证明或支持这一主题思想。结论句位于全段的末尾，是对全段的内容进行总结、归纳或提出结论性观点的句子，进一步强调段落的中心思想，其内涵必须和主题句的内容保持一致。当然，并非每个段落都需要结论句，如一些描述性段落大多不使用结论句。分析各句在段落发展上起到的作用也是分析活动之一。

第二，段落间逻辑关系。一般而言，段落之间的逻辑关系因文体而异，主要包括并列、递进、解释、例证、转折、让步、补充说明和总结等多种逻辑关系。

段落之间的逻辑过渡有时可以依赖明显的标志，如使用连词点明逻辑关系，或段落间就依赖过渡句表现，它们通常兼有两个段落的主要信息，前半句侧重对上段的总结，后半句点出本段的核心议题，成为本段的主题句。例如《大学英语精读（第三版）》第三册第三单元 *Why I Teach*，文章的 18～20 段都具有明显的过渡句，标志出了各段落间的逻辑关系：

A "promotion" out of leaching would give me money and power. But I have money. I get paid to do what I enjoy: reading, talking with people, and asking questions like, "What is the point of being rich?" (para.18)

And I have power. I have the power to nudge, to fan sparks, to suggest books, to point out a pathway. What other power matters? (para.19)

But teaching offers something besides money and power: it offers love. Not only the love of learning and of books and ideas, but also the love that a teacher feels for that rare student who walks into a teacher's life and begins io breathe. Perhaps love is the wrong word: magic might be better. (para.20)

第 19 段的第一句话 "And I have power." 标志着前后两段成并列关系。第 20 段首句 "But teaching offers something besides money and power: it offers love." 可以看出该段和前面两段构成递进关系。

（3）语篇层次。语篇层次的分析主要指一个完整语篇的内部结构逻辑分析，主要包括篇章结构模式的分析和各结构段间逻辑的分析。对文章篇章结构的分析意味着将整篇文章分解为若干组成部分之后，判断各结构段之间的关系及其在全文中的作用，了解全篇的结构特点和组织思路。这种分析活动因文章类型不同而不同，要根据不同文章进行具体分析。例如，记叙文的分析可以通过分析其六要素实现；说明文主要分析文章线索和要素归属；议论文中主要分析因果关系。下文将对各种文体作进一步的介绍。语篇层次的分析可参看下例：

The desire for good health is universal. In our competitive society it is important to maintain good health. People with good health can do work with full confidence and their progress in work in turn contributes to their health and happiness. A sick person is usually not interested in every-thing around him and therefore he loses many opportu-nities to become successful.

在这个句群之中，句子之间没有使用任何连词，但我们可以读出第一句是典型的主题句——点出人人都渴望健康的心声，第二句则递进地开辟了本段的主题——在竞争社会，健康很重要，第三、第四两句从正反两个侧面支持论点，证明了在社会生活中拥有健康是多么重要。

记叙文多数有明确的时间、空间线索，结构上以线性结构为主，也有树状结构。说明文的结构有连贯式、总分式（"总—分"式、"总—分—总"式、"分—总"式）、并列式、递进式、对照式。议论文的结构有三种：其一为"总论—分论—总论"式，先提出论点，而后从几个方面阐述，最后总结归纳；其二为"总论—分论"式，先提出论点，然后从几个方面论证；其三为"分论—总论"式，对所要论述的总是分几个方面剖析，然后综合归纳出结论。

语篇分析类的活动可以分为三种类型：第一，自然段与结构段的划分。段落通常又称自然段，但在某些文章里，若干个相邻的自然段是围绕一个主题描写或论证。这些段落就形成了一个高一级的篇章，俗称结构段。段落层的活动可以包括根据主题句或者意群划分结构段落，归纳各结构段的中心思想并辨识其在整个结构段中的功能。第二，写作风格、效果的分析。这种活动有些是基于篇章结构特点分析的，我们通常所谓的开篇点题、倒叙插叙、过渡自然、前后照应、设置悬念、主次详略等都是写作风格特点；有些是基于语言特点分析的，如一篇之间出现不同的语域，议论之中插入描写性文字等。第三，写作意图分析。篇章写作都有作者主观的意图，而目的决定策略，好文章必然要借助各种写作手法达到弘扬自己的观点、烘托主要人物、抒发主观情感的作用。因此，通过写作手法的分析还可以分析出作者的主观态度和写作意图。

2. 语篇的分析方式

（1）说明文。说明文是一种以解说事物、阐明事理为主要目的的文章体裁，其说明对象是某个抽象事理，也可以是具体事物，文章写作的目的是把其成因、关系和原理等说清楚。说明文基本有两种类型，一是对某一种事物进行客观的介绍，正反两面都用等量的笔墨进行叙写，并没有添加任何作者的主观态度，另外一种则是对两种事物或方法进行优劣对比，但不做出最后决策。

说明文的分析要求根据文章的不同类型判断文章的发展模式，具体如下：①重点描写主要特性（无论优劣），再补充说明次要特性；②先因后果：引入话题后分析成因，而后分析该现象所带来的社会效应；③先现象、后本质：描写某特定社会现象或情况，改变视角分析其动因和问题实质；④先特征、后用途：介绍某新技术或设备的特点，而后分层次说明其使用价值；⑤先一般、后个别（特殊）：介绍常规情况或功用，补充说明特殊情况下的表现和功用；⑥先概括、后具体：先泛泛地宏观介绍某社会现象或物品等，再细节介绍具体表现；⑦先整体、后局部：先介绍全局、外部特征、功用等，再着重说明某特定重点部位或功用；⑧先总体、后分述：主题句概述某情况的几种表现、成因、后果，再用若干段落分别详细说明。同时，还应该包括说明文的结构，总分式（"总—分"式、"总—分—总"式、"分—总"式）、并列式、递进式、对照式。

（2）记叙文。记叙文是用来描述事物的文章，以写人、叙事、写景和状物为主要内容。记人、记事、日记、游记、传说、新闻、通讯和小说等，都属于记叙文的范畴。对记叙文的分析也因此多涉及时间、人物、地点、起因、经过和结果等六要素。

记叙文中表达方式多样，可以分为叙述、描写、议论、抒情和说明等五种形式。即便在叙事一种手法中也有多种线索形式可供选择，包括事件和发展过程、时空转换、内容变化、人物、场景变化、感情变化和表达方式的变换（抒情—记叙—抒情、议论）等。

（3）议论文。议论文是用逻辑、推理和证明，阐述作者的立场和观点的一种文体，其逻辑分析主要包括要素分析，包括论点、论据和论证。议论文可以根据论述方式分为立论和驳论两类，论证方法没有质的差别，基本都包括例证法、引证法、归纳法、演绎法、类比法、喻证法、反证法、归谬法（仅限驳论）。要求学生能够通过分析文章的发展模式、结构形式、语言特点来推断该文章属于立论型议论文还是驳论型议论文。

议论文的分析同样包括基本论证方法的分析。议论文基本的论证方法主要有归纳法、演绎法、对比法。归纳论证是一种由个别到一般的论证方法。它通过许多个别的事例或分论点，然后归纳出它们所共有的特性，从而得出一个一般性的结论。归纳法可以先举事例再归纳结论，也可以先提出结论再举例加以证明。前者即我们通常所说的归纳法，后者我们称为例证法。例证法就是一种用个别、典型的具体事例证明论点的论证方法。例如下面这段文字：

Smoking is harmful to your health.Experiments show that smoking can cause cancer.Besides the most serious disease,cancer smoking can also cause other health problems.For example,it gives one a "smoker's cough".Finally,studies have shown it is easy for smokers to catch colds.Whether you get an unimportant cold or terrible killers,cancer,smoking is harmful.Is it worth it?

　　该段落中用典型的 for example 的字样点明了这部分文字是例证论证。类似的能够表明例证的还有 for instance，such as，it is like，namely，... is a case in point 等。

　　演绎论证则是一种由一般到个别的论证方法，议论文中最重要的演绎法就是三段论。议论文的分析要求学生熟悉议论文的三段论（包括大前提、小前提和结论）。大前提是已知的一般原理或一般性假设；小前提是关于所研究的特殊场合或个别事实的判断，小前提应与大前提有关；结论是从一般已知的原理（或假设）推出的，对于特殊场合或个别事实做出的新判断。例如下面一段文字就属于三段论的典型文字。" No one can survive without drinking water. Jack hasn't found water in his desert trip. So Jack is doomed to die."

　　另外一种常用的论证手法是比较论证。比较论证是由个别到个别，可细分为类比法和对比法。类比法是将性质、特点在某些方面相同或相近的不同事物加以比较，从而引出结论的方法。对比法是通过性质、特点在某些方面相反或对立的不同事物之间的比较来证明论点的方法。例如，《大学英语精读（第三版）》第三册 *Fruitful Questions* 第六段中提到了三个人物：哥白尼、哈根达斯冰淇淋公司的老板鲁宾·马修斯和发现牛痘免疫法的爱德华·詹纳。学生在第一次阅读时普遍认为这是三个例证，但是通过上下文的分析，我们发现作者有意插入这三个人物是为了证明自己的三个孩子在思维模式转换方面和这三位成功人士毫无差别。孩子们看似简单的问题和答案其实具有更深邃的意义。

二、英语阅读中分析类活动及其设计方法

（一）认知与分析类活动分析

　　认知风格不同，所喜欢、适应的学习活动也不同。一般而言，分析型学习者喜欢思考和分析，喜欢做对比分析和排除法的练习，对分析类活动较为适应。相比较而言，综合性学习者则不太擅长分析类活动。

　　为了设计适合学生认知方式的分析型活动，教师必须采用相应的对策来解决非分析型（综合型）认知方式的群体的学习困难。宏观地说，在进行系统的语言学习活动之前进行一次学习风格测试对师生双方有一定的指导意义。例如，教师可以采用《所罗门学习风格量表》诊断大学生学习风格的总体偏向。教师在教学的同时要有意识地帮助学生识别自己的学习风格，培养他们能针对不同的学习任务有意识地改变和调整自己的学习风格；同时，积极探索并调整相应的教学模式，采取丰富的教学策略、手段及内容，适应并拓展学生的学习风格，真正做到因材施教，提高教学质量。

　　从微观角度看，对待每一种分析活动都应当考虑该活动对学生认知过程的要求，必要

时结合学生的先前知识进行图式建构或激活。尤其在处理篇章的逻辑分析类的活动时，应当借助直观的图表和视觉性强的图式建构，采用学生比较适应的学习策略，导入他们相对生疏的学习内容，从而降低分析活动本身的抽象性带来的困难。

（二）分析类活动的表现形式

分析类活动的表现形式与领会活动有很多相同之处，主要从以下几个方面探讨：

1. 排序

文章的逻辑关系可以表现为逻辑关系的识别和表述，也可以表现为排序、插入等形式。例如，如果学生能将下面的段落正确排序，说明其理解了文章的逻辑。时间、空间顺序为线索的事物说明文还可以设计拼图阅读（Jigsaw reading），将文章里提到的一些细节打乱顺序，然后要求学生根据原文的描写过程，配合常识调整顺序。

2. 插入

所谓插入指将所给某个段落插入已有文本之中。例如，可以将上面的材料进行改编，把其中一段抽出来让学生将其放到文章中适当的位置。如果学生能够正确插入某段文字，则说明其能够理解文章的逻辑。如果有意安排这种类型的分析活动，最好不采用课本，而是将阅读资料用散页形式发给学生，在 PPT 上只显示需要插入的部分。这种练习培养的是学生的整体逻辑性。在处理记叙文时也可以将倒叙或插叙作为活动的着眼点。

3. 问答讨论

回答问题是一个十分灵活的活动形式，同样可以用于分析活动，要求学生分析所给语言材料，回答相关问题。如标点符号在文章中的作用就可以通过问答讨论的方式。

4. 要素配对

有些作品直接引语比较多，或者交错表达两种相反的见解，阅读过程会比较混乱。为了构建清晰的逻辑，可以为学生提供图表和相应的要素，让学生进行配对，将文章内容肢解后形成中心紧凑的两个句群。

对比性的说明文有两种写法，或者一段全部写 A 事物的情况，然后再描写 B 事物的情况；或者就某一方面把 A 和 B 进行优劣对比，然后逐条对比。在这种文章中，我们可以设计配对性练习。根据文章的表达，进行配对。如果学生本身水平比较高，还可以变成不完整的表格，让学生根据文章的描述补充不完整的信息。

（三）分析类活动的设计方法

1. 文体参照法

不同的文体，其逻辑、写作风格和主旨都可能大相径庭，分析类活动的表现形式也就不同，因此应当针对不同的文体类型设计不同的活动。例如，记叙文以写人、叙事、写景和状物为主要内容，情节性强，对记叙文的分析也因此多为六要素分析和文学分析，采用直观的图表型表现形式。记叙文中的逻辑顺序以前因后果为主，因循时间、空间、逻辑的写作线索，逻辑分析可以采用排序手法，凸显文章的逻辑标志带来的暗示作用。此外还可以进行插入活动，要求学生根据内容和逻辑的过渡把某一段落插入到适合的位置，或者把插叙段或倒叙段返回到应有的位置。在文学分析方面又可以采用人物语言风格分析、场景分析、心理活动分析、表达方式分析等。这时问答讨论会比较灵活，具有较强的开放性，容易激发学生的参与意识。

说明文分事物性说明文和事理性说明文，其发展模式非常多样，可以进行发展模式分析，采用绘制结构图的活动方式。说明文行文逻辑变化不大，通常可分解为几个结构段，分别引入事物/事理、分析原因或功能、介绍具体操作规程或对策、最后补充说明不足或弥补逻辑空白，因此可以进行结构类型的分析。这种分析活动可以选用插入、排序的方式，使学生对该文体类型有更明确的认识。这种对比分析也是说明文的特点，配对和图表填空也因此比较合适。

议论文是用逻辑、推理和证明阐述作者的立场和观点的一种文体，因此确定论点、分析论据和论证方法（归纳法、演绎法、对比法）是其最主要的分析活动，讨论和图表填空是比较常见的活动形式。议论文还可以细分为立论文和驳论文两种，其发展模式和结构特点也各具特色，同样可以进行对比分析，如可以选取话题类似、主旨相同但论证方式不同的文章进行对比。另外，要素配对的难易程度比较适中，比较适合大学英语课堂。

2. 认知取向法

不同类型的分析活动对学生的认知需求也有所不同，教师应当采用不同的活动设计，同时考虑学生的多元智能差异和学习风格差异。大学生的学习因为专业性强，思维方式往往因为专业课程的训练而具有一定的倾向性，而且这种倾向性表现出一定的群体效应。例如，新材料专业的学生因为长期做化学实验，遵循实验规程的意识非常强烈，语言学习中也多关注语言规则的规律性，对分析类活动感到游刃有余。对这种专业的学生，一旦给他们搭建了分析活动的图式支架就可以非常顺利地进行活动。相对地，旅游管理专业的学生则表现出非常突出的视觉型认知特色和市场依赖特色，对文学分析和写作手法分析方面容易适应，但其逻辑分析过程相对困难，教学有必要借助视觉效果强烈的图表、采用循序渐进的方式引导学生自己归纳。

3. 形式多元法

采用丰富多彩、直观易懂的分析活动可以丰富课堂，缓解分析活动本身的抽象性所带来的课堂焦虑。古人有云"变则通"，要想让课堂活动进行得流畅自然，必须思考采用多种形式，即便同一种分析活动也必须考虑学生的基础、思维方式、学习材料等诸多因素，设计不同的分析活动。

4. 支架搭建法

支架教学是建构主义理论指导下的一种具体可行的课堂教学模式，支架只是一个比喻，指的是在教学过程中，为更好地发挥学生的主体作用和主观能动性，教师有意识地为学生搭建形成梯度的自主学习平台，提供帮助。由于学生在中学时代主要以语言学习为主，篇章分析、逻辑分析、文学分析基本上都是在中文语境下训练的，一旦进入英文语境，学生都会有不同程度的困难。这固然有中英文的行文差异的因素，但更多的是学生无法把现在的中文语境下的知识应用于英文语境下的分析活动。为此，教师在进行有一定难度的活动之前必须为学生搭建支架，如激活语言图式、内容图式、形式图式等背景知识等。

例如，要完成结构分析任务，学生必须知道主题句，结论句，总述与分述，插叙与倒叙，陈述主题，场景、起承转合等，才能完成对文本的分析。在设计分析活动时，必须诊断学生的已有图式，如果学生不具备相关的理论知识，最好在分析活动前设计支架活动，或是激活相关的图式，或是开展图式补缺教学。

常用的手段是选取一个短篇作品，或者文体与阅读材料相同，或是话题相似，或是语言特点相仿，通过分析激活或弥补相关图式。当然因为课堂时间的限制，多数教师会着重训练某一种分析能力。

第三节　英语阅读中的综合类活动设计

从认知角度来看，综合是一种要求比较高的阅读活动，综合类活动基于理解，又可以促进阅读理解能力，同时对学生口语和书面表达能力的提高具有一定的促进作用。更为重要的是，综合对新图式的建构有着不可替代的作用。

一、英语阅读中综合类活动设计的认知

（一）综合及其类别

综合指将各要素和组成部分组合起来以形成一个整体，是对各种要素和组成部分进行加工的过程，包括对已有经验中各组成部分与新材料的重新组合、阅读中的综合指能够将文章的各组成部分按照一种新的逻辑组合成一个整体，包括写作、创作、表达个人经验、制订计划和操作程序、构建假说、阐述一种概念、对阅读材料概括等。综合大致可以包括以下几个方面：

第一，创作类综合。创作类综合指根据阅读材料所进行的写作，更加强调独特性与首创性。综合要求学生必须从多种渠道获得各种要素，并把它们按照一种新的结构或模式组合成一个整体。

第二，概要类综合。概要类综合指为所阅读材料撰写概要。学生要能写出概要，就必须了解文章中的核心内容，了解文章的构成要素，明晰各要素之间的关系，然后才能用简短的语言表达出原有材料的主要内容。概要可以表现为写概要、摘要，也可以是原文的缩写。

第三，再现类综合。所谓再现指对阅读内容的再现，一般情况下根据阅读材料改写就属于再现类综合。学生可以变换人称，可以改变角色讲故事，可以转换时间地点讲故事，可以对不同的听众安排活动，对不同的听众发表演讲，可以对不同的受众进行访谈，可以说服不同的对象做某事等。这时，不管采用口头表达的方式还是采用笔头表达的方式，说话者/作者都必须再现原有信息，如果不再现原有信息，则不称其为再现类综合。

日常教学中教师安排的根据图片和核心短语、句型的提示所进行的复述本身既是一种信息再现活动，同时也属于综合活动。

（二）综合类活动的形式

综合类活动属于产出性活动，要求学生在理解文本、分析文本的基础上运用语言知识、策略知识和篇章知识完成产出性的任务。常见的综合活动有以下形式：

1. **写概要**

给故事写概要，同时要保持故事的原貌，是一种很好的训练综合能力的方式。学生需要将原来的内容分成几个组成部分，熟悉然后按照一定的模式组合成一个整体。

针对不同类型的文章，学生在写摘要时，教师可以向学生提供阅读前导或图式框架，以便让学生了解相关的背景知识和与话题、文章类型相关的知识。

2. 新闻报道

新闻报道作为一种综合活动，可以非常真实、非常客观、非常全面地概括出主要内容，并且对学生的语言水平和语体都有一定的要求。教师需提供新闻报道样本，分析写作方式，提供新的图式结构。新闻报道并不要求学生完全按照新闻报道的方式去写，而且可以采取学生互评的方式对写作内容进行反馈。同伴评价可以从以下方面着手：①报道重点是否突出，能否概括主要内容；②报道是否涵盖了故事的主要内容；③报道语言表述是否得体；④作为读者读后是否有同感。

3. 回忆

回忆一般是由故事的主人公或是其他角色完成的，教师须设计新的情景再现故事的主要内容。活动开始前，教师可以从课文材料中提取相关的、能反映主要内容和故事发展顺序的重点词汇。这样可以激活学生的相关图式，做好语言准备工作。

4. 角色扮演

角色扮演主要通过转换角色的方式再现故事。由于角色转换时讲故事的逻辑和侧重会有所不同，这种活动可以训练学生讲故事时的演讲意识和作为听众的听众意识，对于语言表达十分有好处。另外，角色扮演的评价标准与其他综合类活动的评价标准不同。活动中学生扮演听众，那么就可以从听众的角度出发，按照自己对故事的感受进行评价，如评价故事是否能够感动自己等。另外，教师须提供相关的演讲样本，分析写作特点和演讲方式。

5. 采访汇报

采访汇报要求学生以记者的身份写一份采访报道，问题主要围绕文章的主要内容展开。采访汇报可采用个体活动的方式，目的是保证每个同学都能写出采访报道。写完后让学生两两互评，评价时最好给出评价的标准。教师须向学生提供一个采访汇报的样本，分析采访特点和语言风格。

（三）综合活动的设计原则

1. 支架原则

支架原则指的是在设计综合活动时要考虑综合活动对学生图式的要求，要注意活动之间的辅助性。在开展综合活动之前，教师须确定是否需要进行图式激活，学生是否具备应有的图式。具体来讲，综合类活动要求学生按照新的逻辑组合所给语言材料，学生是否熟悉新的逻辑、新的写作规范就成为影响任务完成的关键因素。如学生必须了解新闻报道、采访报道、内容概要、故事摘要的写作规范才能完成相关写作任务。如果学生对此并不了解，教师就应该为其提供相应的支架和样例，组织学生分析，借以呈现新的语篇逻辑。

2. 任务型原则

任务型原则指的是教师要设计真实性的任务，尽可能地贴近生活实际，阅读所完成的任务与现实生活中人们阅读后的任务相同。尽管可以通过写概要、缩写、改写的方式训练学生综合的能力，但是综合活动最好能够符合任务型活动的要求。换言之，综合性活动最好要有一个真实的目的、真实的场景，以便学生为了真实的目的综合阅读信息，从而增加活动的可操作性。

3. 关联性原则

关联性指的是综合活动与其他活动之间的关联程度。一般而言，综合性活动应该在理解和分析活动之后。如果教学采用的是 pre-reading、while-reading 和 post-reading 的教学方式，那么综合性活动一般是在 post-reading 环节开展。

二、英语阅读中综合类活动设计的具体方法

（一）话题参照法

话题参照法指的是根据文章的话题设计综合活动。话题不同，其内容的理解表现形式不同，理解目标也不同。教师须根据不同的话题确定其阅读过程中的综合目标，从而设计相应的综合活动，以提高学生阅读的综合能力。例如，文章或是一篇记叙文，讲述老人过80岁生日时等待女儿礼物，最后却失望的故事；或是一篇议论文，通过议论号召人们关掉电视；又或是一篇说明文，讲述一名外科医生成功转变的原因。教师可根据这些不同的话题和不同的理解目标设计不同的综合活动，如可以设计故事回忆的综合活动，重新描述老人伤心失望的过程；可以设计新闻采访，通过采访重新阐述关掉电视的观点；亦可以设计演讲报告，向听众讲述自己成功的原因。

以《大学英语精读（第三版）》第一册第一单元 *Strategies for Learning English* 为例，本文的主要话题是英语学习策略。根据文章后面设计的问题和写作内容可以确定，本文的综合目标是能够理解并转述本文作者介绍的几种英语学习策略，对于学生理解的评价主要采取语言反馈。因此根据本文的话题和综合目标，教师可以设计控制性的综合活动，写摘

要。这类综合活动不仅可以使学生深刻地理解本文介绍的英语学习策略，语言上也可以得到提高。教师在对学生的写作进行评价时可以采用形成性评价，鼓励学生完成多稿摘要的写作，要求学生展示最好的成果，同时可以增加学生的自信。

Summary writing.

Step 1 Assign the learning task.

The author has just introduced some strategies for learning English, which are very effective. You are to write a summary about those strate-gies based on the understanding of the passage. And you can finish the writing by using the following words and phrases: by no means, great diligence, prolonged effort, employ, cram…with, be bound to, active words, idiomatic, on a regular basis, re-hearse, read widely, write regularly.

Step 2 Students work individually on the task.

Step 3 Assess students′writing and choose one student from each group to give the summary.

（二）认知取向法

认知取向法指的是根据学生的学习风格和多元智能设计综合活动。由于学生在学习风格和多元智能倾向方面存在很大的差异，学生对综合活动的表现形式的喜好也不同。例如，一个班级的学生比较沉默，而另一个班级的学生比较活跃；一个班级的学生喜欢个体活动，而另一个班级的学生喜欢小组活动；有的学生喜欢阅读和写作，而有的学生则喜欢角色表演。这些都属于学生学习风格的差异，因此，综合活动的设计应该建立在对不同班级甚至同一班级不同学生的学习风格和多元智能的分析基础之上，采取学生喜欢的方式，促进学生的参与。例如，以上针对《大学英语精读（第三版）》第一册第一单元 *Strate-gies for Learning English* 设计的综合活动，教师可根据学生的这些差异选择不同的方式，以求达到较好的效果。如果所教学班级的学生英语语言基础比较好，但比较喜欢个体活动或学生比较沉默，教师可选择"Summary writing"这种综合活动促进学生的理解、语言归纳和表达的能力。如果所教学班级的学生语言基础相对比较差，但学生性格比较活跃，教师可选择"Speech to the public""News report""Interview report"综合活动，使学生在比较轻松的气氛下加深对文章的理解，同时通过小组讨论，亦可以增加学生语言表达的自信。当然，为了取得更好的效果，教师亦可混合使用这些综合活动。

（三）文体参照法

文体参照法指的是依据文章的体裁设计综合活动。文章的类型某种程度上也可以成为影响综合活动设计的因素。不同类型的文章，不同的阅读目标对综合活动设计的要求也不同。教师在设计综合活动时，有必要了解文章的写作风格和体裁，然后设计能够实现阅读目标的综合活动。例如，记叙文可以用 when、where、who、what、why、how 来概括主要内容；阅读目标方面一般要求学生能够了解故事大意，能够分析出故事的背景、发展和高潮各个环节的内容，并且能够准确把握文章的主题。适合记叙文的综合活动可以是写概要、回忆和角色演讲，这三种形式都能够很好地概括出故事的梗概和大意，形式也比较灵活，比较能够激发学生的兴趣。但综合活动的形式也不是固定不变的，只要设计得当，新闻报道和采访汇报同样也可以用于记叙文的综合设计活动，关键是教师能够熟悉文章体裁，明确阅读目标，灵活应用综合活动设计原理。

以《大学英语精读（第三版）》第一册第一单元 *Strategies for Learning English* 为例，本文是非常典型的说明文，主要介绍了几种英语学习策略。文章结构清晰、完整、逻辑性较强，根据本文的体裁和综合目标，教师可以设计多种综合活动。比较适合说明文体裁的综合活动是写摘要，但综合活动的设计形式可以多种多样，只要设计得当，回忆、角色演讲、新闻报道和采访汇报同样可以与说明文相结合。例如：

例 1：Recall the strategies for learning English.

Step 1 Assign the learning task.

Suppose you were now an English teacher，and you were giving some advice to your students on learning English.You could recall some strate-gies you had employed in learning English.How would you recall those strategies？

Step 2 Students work individually on the task.

Step 3 Assess students´discussion and choose one from each group to give the speech.

例 2：Speech to the public.

Step 1 Assign the learning task.

Suppose you were a successful English learner，and you were giving a speech to your fellow students about the secrets to your great success.In your speech，you would mention those strategies in learning English.How would you deliver your speech？

Step 2 Students work in groups and discuss those strategies in learning English.

Step 3 Call on one or two students to make the speech with the rest of the class serving as the audience.The rest of the class is to assess the speech in terms of：

（1）Whether it is consistent with main points of the text.

（2）Whether it is impressive.

例 3：News report.

Step 1 Assign the learning task.

Suppose you were a reporter. Now you want to write a description of the fact that lots of English learners are lack some strategies when learning English. You will publish this article in the school´s newspaper and at the same time remind the English learners of some strategies in learning English.

Step 2 Students work individually on the task.

Step 3 Ask students to assess each other´s report according to the followings：

（1）Is there a general introduction to the English learning?

（2）Does it contain all the strategies?

（3）Is the purpose of the writing clear?

例 4：Interview report.

Step 1 Assign the learning task.

Suppose you were a reporter，you have just interviewed an English pro－fessor on English learning，who has given some good advice on it. Now you are to write a report about him and those strategies he mentioned to be published in school newspaper. Please write a report of your interview.

Step 2 Students work individually on the task.

Step 3 Ask students to assess each others writing according to the followings：

（1）Is there a general statement?

（2）Does it contain all the strategies?

（3）Is the purpose of the writing clear?

三、英语阅读中综合类活动设计的示例

不同类型和体裁的文章可以根据阅读目标选择一种、两种或多种综合活动。英文短文主要有四种体裁（four kinds of writing）：记叙文（narration）、描写文（description）、说明文（exposition）和议论文（argumentation），文章类型和综合活动可以有多种组合。由于大学英语教材选取的阅读材料多以议论文、记叙文、说明文为主，以下分析这三种体裁文章的综合活动示例。

（一）议论文阅读中综合活动的示例

议论文的主要目的是让别人信服作者对某一个问题的看法。在写作过程中，虽然也有

说明或解释自己的立场或观点，但其基本特征是说服性的，也就是通过充分的论证来说服别人，或让别人改变观点，转而接受作者的立场观点，或至少使别人对有关问题给予重新思考。根据议论文的特点，它多以写摘要为主要综合活动。但为了更好地实现阅读目标，也可以与其他四种表现形式进行创造性的组合。

以《大学英语精读（第三版）》第一册第四单元为例。*Turning off TV：A Quiet Hour* 属于议论文，作者的主要论点是建议关掉电视，因为这样能给我们的生活和学习带来很多好处。文章的阅读目标是让学生了解作者的主要观点，并熟悉议论文的写作特点。其综合活动可以包括：

Activity 1 Summary writing.

活动设计：要求学生写一篇本文的摘要，能包括作者的主要论点和论据。

活动步骤：Summary writing.

Step 1 Assign the learning task.

Read the text and write a summary, including the author's opinion and main supporting points, and using the words and phrases given below.

(propose, prohibit, social scientists, mental illness, a rising rate, bring…together, have a ball)

Step 2 Students work individually on the task.

Step 3 Ask students to assess each others writing according to the followings：

(1) Is there a general opinion?

(2) Does it contain all the main supporting points?

(3) Is the purpose of the writing clear?

(4) Whether you could be persuaded to accept the point?

活动分析：

本文活动要求学生按照议论文的写作特点写完本文的摘要。因为学生的语言能力不同，可以鼓励学生使用本文的句子来完成摘要写作。对学生的活动进行反馈时，主要以是否概述了本文作者的主要论点、是否包含了作者的各种论据或支持性的材料、是否具有清晰的论证过程、是否具有说服性为主。写作语言的评价可采取形成性评价，对语言能力不同的学生可有不同的反馈，可允许学生完成多稿摘要写作，不断地进行语言上的完善和提高。

Activity 2 Speech to public.

活动设计：要求学生作为社会学教授应邀作一个关于"关掉电视"方面的演讲。

活动步骤：Speech to public.

Step 1 Assign the learning task.

Suppose you were a professor of sociology, and you were asked to give a speech to the public about turning off the TV. How would you deliver the speech?

Step 2 Students work in groups and discuss the benefits from turning off TV.

Step 3 Call on one or two students to make the speech with the rest of the class serving as the public. The rest of the class is to assess the speech in terms of:

(1) Whether it is consistent with the opinion of the author.

(2) Whether it is persuasive.

活动分析:

本活动要求学生作为一个社会学方面的教授向公众做一次建议关掉电视的演讲,情景比较真实,对学生的语言能力有一定的要求。可组织学生开展小组活动,分析作者建议关掉电视的观点,组织演讲的语言。教师亦可为学生提供演讲的范文,并对其写作风格进行分析。对学生的活动进行反馈时,主要以是否概述了作者的观点,是否令人印象深刻,是否符合演讲的规范为主。可以采取小组间讨论和互评的方式做出反馈。

Activity 3 Recall the professor´s speech.

活动设计:学生作为听众,听了一位社会学教授做的关于"关掉电视"的演讲。之后很受启发,决定说服其他的朋友和家人也"关掉电视"。这就要求学生回忆和参考演讲当中听到的内容。

活动步骤:Recall the professor´s speech.

Step 1 Assign the learning task.

Suppose you had just attended a speech given by a professor of sociology about "turning off the TV". It was so persuasive that you decide to follow the professor´s idea and try to persuade your friends and family members to turn off the TV. When you are trying this, you will have to recall what the professor´s ideas are. What would you tell?

Step 2 Students work individually on the task.

Step 3 Ask students to present their speech.

活动分析:

本活动要求学生在劝说自己的亲朋好友关掉电视时引用他在讲座中听到的教授的观点。活动情景的设计具有实践性,学生不仅要对教授的观点非常熟悉,还能在日常生活的情境中将这些观点付诸实践。其他同学作为被劝说的对象被置于新的情境中可对学生的劝说内容进行相关评价。本活动属于开放性综合活动,学生可根据新的情景进行阅读信息的重组。为帮助学生进行内容回忆和语言表达，教师可向学生提供一些重点词汇。因为这种回忆多设定于口语情境之中，易于被学生接受。评价时主要以是否涵盖了故事大意为主，能否达到劝说别人关掉电视的目的为主，对学生的口语表达能力以包容为主。

Activity 4 News report.

活动设计：学生以记者的身份写一份新闻报道，主要内容是现在越来越多的人呼吁关掉电视。

活动步骤：News report.

Step 1 Assign the learning task.

Suppose you were a reporter.You were to publish an article as to the fact that more and more people are calling to turn off the TV.In you article,you have to remind the public of the main reasons of this fact.Read the text and write your news report.

Step 2 Students work individually on the task.

Step 3 Ask students to assess each other's report according to the followings：

（1）Is there a general statement?

（2）Does it contain all the main information?

（3）Is the purpose of the writing clear?

活动分析：

本次活动要求学生作为新闻记者报道越来越多的群众建议关掉电视的事实，并向公众传递本文作者建议关掉电视的主要观点。作为开放性的综合活动，本活动允许学生在涵盖故事大意的基础上进行内容的想象和报道方式的发挥。对学生的活动进行反馈时，主要以报道重点是否突出，能否涵盖作者的主要观点；报道语言表述是否得体；作为读者读后是否可以接受作者建议关掉电视的观点为主。

Activity 5 Interview report.

活动设计：学生以记者的身份去采访刚做过关于"关掉电视"演讲的社会学教授。

活动步骤：Interview report.

Step 1 Assign the learning task.

Suppose you were a reporter,you have just interviewed the professor who has just given the speech "Turn off the TV".Now you are to write a report about him and his main ideas and suggestions to be published in tomorrow's newspaper.Please write a report of your interview.

Step 2 Students work individually on the task.

Step 3 Ask students to assess each other's writing according to the followings：

（1）Is there a general opinion?

（2）Does it contain all the main reasons and benefits of turning off the TV?

（3）Does it state the main opinion of the professor?

（4）Is the purpose of the writing clear?

活动分析：

本活动要求学生作为记者采访这位社会学方面的教授，并对他关于关掉电视方面的观点进行相关的提问。学生自由决定活动的方式，个体活动还是小组活动，无论哪种活动都需要学生精心地设计一些采访问题，然后进行语言的组织。对学生的活动进行反馈时，主要以采访报道能否涵盖教授关于关掉电视的主要观点；报道语言表述是否得体为主。可以鼓励学生进行多稿写作，采用形成性评价，使学生在课堂上能展示最好的成果，增加学生的自信。

（二）记叙文阅读中综合活动的示例

记叙文（Narration）是讲述一个故事，以叙述为主要表达方式。记叙文以形象感染读者，陶冶情操；有很浓的主观感情色彩；记叙文材料具体化、个性化。根据记叙文的特点，它多以写概要、回忆、角色演讲为主，有时根据需要亦可选择新闻报道和采访汇报。

以《大学英语精读（第三版）》第一册第二单元 *Sailing Round the World* 为例。该文属于记叙文，主要讲述了弗朗西斯·奇切斯特不顾癌症的折磨，毅然独自完成了航海环球探险的梦想。文章阅读的目标是掌握弗朗西斯·奇切斯特探险的过程和战胜自己和疾病的精神。根据阅读目标和能力培养的需要，它可以和常见的这五种综合活动的表现形式相结合。

Activity 1 Summary writing.

活动设计：要求学生写一篇关于弗朗西斯·奇切斯特冒险经历的摘要。

活动步骤：Summary writing.

Step 1 Assign the learning task.

Read the text and write a summary of Francis Chichester´s sailing round the world single-handed, using the words and phrases given below.

（in spite of, be determined to, set off, the first leg of voyage, dissuade, give up, cover, be warmly welcomed）

Step 2 Students work individually on the task.

Step 3 Ask students to assess each other´s writing.

活动分析：

本文属于记叙文，它的综合目标是掌握弗朗西斯·奇切斯特探险的过程和战胜自己和疾病的精神。教师在开展本活动前可先对记叙文的要素进行分析，提供记叙文大意写作的范文，并提供和本文故事要素有关的词和短语，要求学生按照故事发展的顺序写完本文的摘要。因为学生语言能力的不同，可以鼓励学生使用本文的句子来完成摘要写作。对学生的活动进行反馈时，主要以是否描述了弗朗西斯·奇切斯特探险的过程为主。写作语言的评价可采取形成性评价，对语言能力不同的学生可有不同的反馈，可允许学生完成多稿摘要写作，不断地进行语言上的完善和提高。

Activity 2 Speech to British public.

活动设计：要求学生以弗朗西斯·奇切斯特的身份在回到英国后就自己的探险做一次演讲。

活动步骤：Speech to British public.

Step 1 Assign the learning task.

Suppose you were Francis Chichester, and you were asked to give a speech to British public about your adventure of sailing round the world.How would you tell the story?

Step 2 Students work in groups and discuss how to make it real and how to achieve good effect.

Step 3 Call on one or two students to make Lhe speech with the rest of the class serving as the British public.The rest of the class is to assess the speech in terms of:

（1）Whether it is consistent with the story in the textbook.

（2）Whether it moved them.

活动分析：

本活动要求学生作为弗朗西斯·奇切斯特在航海旅行结束回到英国后，向伦敦公众做一次关于自己的探险的演讲。学生在比较真实的情境中可以对他的探险历程有一个非常深刻的了解。但因为本活动属于开放性活动，学生可根据自己的学习风格、认知方式和语言能力选择适合自己的演讲方式。教师亦可为学生提供演讲的范文，并对其写作风格进行分析。对学生的活动进行反馈时，主要以是否描述了弗朗西斯·奇切斯特探险的过程，是否令人印象深刻，是否符合演讲的规范为主。反馈时可以小组互评，亦可抽样反馈，选出学生在课堂上展示活动成果。对学生的语言错误可采取包容的态度。

Activity 3 Recall Francis Chichester′s adventure.

活动设计：学生以 Francis Chichester 朋友的身份在弗朗西斯·奇切斯特去世后向自己

的子女讲述他的冒险经历。

活动步骤：Recall Francis Chichester´s adventure.

Step 1 Assign the learning task.

Suppose you were a friend of Francis Chichester and after his death you were telling your children the adventure accomplished by Francis Chichester.

Step 2 Students work in groups on the task.

Step 3 Ask students to present their speech.

活动分析：

本活动要求学生作为弗朗西斯·奇切斯特的朋友，在他过世后，他的朋友在向自己的孩子讲述弗朗西斯·奇切斯特的探险故事。活动情景的设计可一下子拉近学生和弗朗西斯·奇切斯特的距离，促使学生对其探险活动和生平进行比较详尽的了解；其他同学作为听众被置于新的情境中可对故事讲述者的内容进行相关评价。本活动属于开放性综合活动，学生可根据新的情景进行阅读信息的重组。为帮助学生进行内容回忆和语言表达，教师可向学生提供一些重点词汇。因为这种回忆多设定于口语情境之中，易于被学生接受。评价时主要以是否涵盖了故事大意为主，对学生的口语表达能力以包容为主。

Activity 4 News report.

活动设计：学生以记者的身份写一份新闻报道，向英国公众报道弗朗西斯·奇切斯特的冒险经历。

活动步骤：News report.

Step 1 Assign the learning task.

Suppose you were a reporter and happened to hear this story.Now you want to publish this story in the newspaper to publicize Francis Chichester´s sailing around the world single-handed,and remind the public of Chichester´s great courage to fight against the lung cancer.Read the text and write your news report.You can also include some pictures.

Step 2 Students work individually on the task.

Step 3 Ask students to assess each other´s report according to the followings：

（1）Is there a general statement?

（2）Does it contain all the main information?

（3）Is the purpose of the writing clear?

活动分析：

本次活动要求学生作为新闻记者报道弗朗西斯·奇切斯特探险的过程，并向公众宣扬他战胜疾病的精神。作为开放性的综合活动，本活动允许学生在涵盖故事大意的基础上进行内容的想象和报道方式的发挥。对学生的活动进行反馈时，主要以报道重点是否突出，能否涵盖故事的主要内容；报道语言表述是否得体；作为读者读后是否有同感为主。

Activity 5 Interview report.

活动设计：学生以记者的身份采访探险回国的弗朗西斯·奇切斯特，并把自己采访的内容写成文字，用于明日报纸的出版。

活动步骤：Interview report.

Step 1 Assign the learning task.

Suppose you were a reporter, you have just interviewed Francis Chiches－ter, who has just sailed round the world single－handed and returned to England. Now you are to write a report about him and his great success, to be published in tomorrow's newspaper. Please write a report of your interview.

Step 2 Students work individually on the task.

Step 3 Ask students to assess each other's writing according to the followings：

（1）Is there a general statement?

（2）Does it contain all the main information?

（3）Does it state the characteristics of the Francis Chichester?

（4）Is the purpose of the writing clear?

活动分析：

本活动要求学生作为记者采访弗朗西斯·奇切斯特，并对他的环球旅行进行相关的提问。作为开放性的综合活动，它允许根据采访需要设计不同的采访问题，并可以让学生自由决定活动的方式，个体活动还是小组活动，无论哪种活动都需要学生精心地设计一些采访问题，然后进行语言的组织。对学生的活动进行反馈时，主要以采访报道能否涵盖故事的主要内容；报道语言表述是否得体为主。可以鼓励学生进行多稿写作，采用形成性评价，使学生在课堂上能展示最好的成果，增强学生的自信。

（三）说明文阅读中综合活动的示例

说明文的主要目的就是在于进行说明或解释、分析，说明某事物、某现象、某事情，向读者传授有关特征、性质、成因、过程等方面的知识，给读者以指导或启发。根据说明文的特点，可以将常见的这五种综合活动与之结合。

以《大学英语精读（第三版）》第二册第六单元 *The Making of a Surgeon* 为例。*The*

Making of a Surgeon 属于说明文，主要讲述了一个外科医生从不自信到自信和成功的原因。本文的阅读目标是让学生了解这位外科医生转变的过程及最后成功的原因。其综合活动可以包括以下方面：

Activity 1 Summary writing.

活动设计：要求学生写一篇本文的摘要，概述这位外科医生转变的过程及成功的原因。

活动步骤：Summary writing.

Step 1 Assign the learning task.

Read the text and write a summary, including the surgeon main problems at the very beginning and the main reasons for his later confidence and success, using the words and phrases given below.

(surgeon's career, confident, dwell on, make a mistake, sweat, at one time or another, relax, successful)

Step 2 Students work individually on the task.

Step 3 Ask students to assess each other's writing according to the followings：

(1) Is there a general opinion?

(2) Does it contain all the problems and the reasons for his success?

(3) Is the purpose of the writing clear?

活动分析：

本活动要求学生写一篇概要，活动前可先对说明文的写作特点进行分析，提供说明文写作的范文，并提供和该外科医生转变和成功有关的词和短语，要求学生客观地对这位外科医生的转变过程和成功的原因进行概述。因为学生语言能力的不同，可以鼓励学生使用本文的句子来完成摘要写作。对学生的活动进行反馈时，主要以是否客观描述了外科医生的转变过程和成功的原因为主。写作语言的评价可采取形成性评价，对语言能力不同的学生可有不同的反馈，可允许学生完成多稿摘要写作，不断地进行语言上的完善和提高。

Activity 2 News report.

活动设计：这位外科医生因为精湛的艺术名扬国内外，学生可以写一份关于他和他的成功的新闻报道。

活动步骤：News report

Step 1 Assign the learning task.

Suppose you were a reporter, and happened to hear this story. You were to publish an article to introduce this successful surgeon and his success.In your article,you have to remind the public of the surgeon's lack of confidence at the beginning,and the secrets to his final success.

Step 2 Students work individually on the task.

Step 3 Ask students to assess each other's report according to the followings：

（1）Is there a general introduction to the surgeon and his success?

（2）Does it contain all the troubles and ways of success?

（3）Is the purpose of the writing clear?

活动分析：

本活动要求学生写一篇新闻报道，活动前可先对新闻报道的写作方式进行分析，提供新闻报道的样本，要求学生作为新闻记者报道这位成功的外科医生，并向公众报道他转变的过程和成功的主要原因。作为开放性的综合活动，学生在涵盖故事大意的基础上可以进行内容的想象和报道方式的发挥。对学生的活动进行反馈时，主要以报道重点是否突出，能否涵盖作者的主要观点；报道语言表述是否得体；作为读者读后是否可以认同这位外科医生成功的原因为主。

Activity 3 Recall his own troubles and secrets to success.

活动设计：这位外科医生在培养年轻实习医生的时候，经常会以自己的切身经历鼓励他们，他所遇到的困难和最后取得成功的秘诀都对这些年轻医生有很大的启发和帮助。

活动步骤：Recall his own troubles and secrets to success.

Step 1 Assign the learning task.

Suppose you were the successful surgeon,and now you were the supervisor of some young residents.You often recall your own troubles to be a resident at the very beginning and the secrets to your final success,which really encourages them.What would you tell?

Step 2 Students work individually on the task.

Step 3 Ask students to present their speech.

活动分析：

本活动要求学生作为这名成功的外科医生，在帮助这些年轻的实习医生时，经常回忆自己的经历来帮助他们建立信心。活动具有比较真实的情景，学生可以根据情景需要了解这位成功的外科医生的成长历程，其他同学作为被帮助的对象也被置于新的情境中可对学生的回忆内容进行相关评价。活动中，学生可根据新的情景进行阅读信息的重组。为帮助学生进行内容回忆和语言表达，教师可向学生提供一些重点词汇。因为这种回忆多设定于口语情景之中，易于被学生接受。评价时主要以是否涵盖了外科医生的转变和成功的原因，能否对他人有一定的帮助为主，对学生的口语表达能力以包容为主。

Activity 4 Speech to the residents.

活动设计：学生作为外科医生被邀请去给年轻的实习医生作演讲，主要内容是自己成长为合格优秀的外科医生的艰辛历程和成功的主要原因。

活动步骤：Speech to the residents.

Step 1 Assign the learning task.

Suppose you were the surgeon, and you were asked to give a speech to the young residents about your troubles as a resident at the beginning and the secrets to your final success. How would you deliver the speech?

Step 2 Students work in groups and discuss troubles and the secrets to success.

Step 3 Call on one or two students to make the speech with the rest of the class serving as the public. The rest of the class is to assess the speech in terms of：

（1）Whether it is consistent with the troubles and the secrets to success.

（2）Whether it is impressive.

活动分析：

本次活动要求学生以一位成功外科医生的身份，向正在实习中的医生做一次关于自己的成长历程和成功秘诀的演讲。活动情景比较真实，学生可根据情景和语言表达需要，结合自己的学习风格、认知特点和语言能力选择相应的演讲方式。教师亦可为学生提供演讲的范文，并对其写作风格进行分析。对学生的活动进行反馈时，主要以是否涵盖了外科医生的成长历程和成功秘诀，是否令人印象深刻，是否符合演讲的规范为主。可以采取小组间讨论和互评的方式做出反馈。对学生的语言错误可采取包容的态度。

Activity 5 Interview report.

活动设计：学生以记者的身份去采访这位成功的外科医生，并汇报采访的内容。

活动步骤：Interview report.

Step 1 Assign the learning task.

Suppose you were a reporter, you have just interviewed the famous surgeon. Now you are to write a report about him and his main troubles and ways of success to be published in tomorrow's newspaper. Please write a report of your interview.

Step 2 Students work individually on the task.

Step 3 Ask students to assess each other's writing according to the followings：

（1）Is there an outline of the surgeon's troubles and ways of secrets?

（2）Does it contain all the troubles and ways of success?

（3）Does it state the main points?

（4）Is the purpose of the writing clear?

活动分析：

本次活动要求学生作为记者采访这位成功的外科医生，并对他在成长过程中遇到的问题和最终成功的原因进行相关的提问。活动前可先对采访汇报的写作方式进行分析，提供采访汇报的样本，精心地设计一些采访问题，然后进行语言的组织。对学生的活动进行反馈时，主要以采访报道能否涵盖这位外科医生所遇到的问题和最后成功的秘诀；报道语言表述是否得体为主。可以鼓励学生进行多稿写作，采用形成性评价，使学生在课堂上能展示最好的成果，增加学生的自信。

第四节　英语阅读中的评价类活动设计

评价属于比较高的认知层次，它涉及对知识、理解、运用、分析和综合等所有其他行为的某种组合。评价活动基于认知和理解，同时对学生的认知能力和语言表达能力的提高具有一定的促进作用。外语学习以培养学生表达自我思想的能力为目标，而评价类活动则是语言表达能力要求的一部分。因此，评价能力也应该成为教学活动的目标之一。

一、英语阅读中评价类活动设计的认知

（一）评价及其类别划分

评价指为了某种目的，对观念、作品、答案、方法和资料等所做的价值判断，评价包含用准则和标准对这些项目的准确性、有效性、经济性、满意度等进行评估、评价涉及对知识、理解、运用、分析和综合等所有其他行为的某种组合，认知要求、语言能力要求都相当高，大学阶段的英语教学要求学生达到评价的认知目标。

根据评价标准的不同，评价可以分为内部标准参照评价和外部标准参照评价，具体如下：

第一，内部标准参照评价。内部标准参照评价来自阅读材料自身，指根据所阅读文章所推断出来的逻辑、结构、论点等，然后根据文章所呈现的结构要求、逻辑关系、观点论点判断所给语篇是否与所阅读文章结构一致，逻辑关系相符，根据文中的观点判断所给陈

述是否正确。如求职信的结构，每部分包含的内容等，判断所给求职信是否符合要求。

第二，外部标准参照评价。外部标准参照评价同样来自阅读材料之外，其内容较为广泛，可以指评价者自身的标准，可以指评价者所处的社会环境中通用的标准。就阅读而言，一般情况下 What do you Think of the author? What do you think of his argument? What would you do if you were...? 等属于利用评价者自身的标准进行评价。因为每个人的评价标准不同，对作者的评价以及对其观点的评价也就不同，所选择的行为方式也不同，这种设计有利于同学之间的讨论和协商。

而 Do you think they will happen in China? Will these things happen in your universities? Will Chinese students accept such offer? 则要求学生根据通用的标准评价而不是自己的标准评价。学生需要考虑在中国环境下人们的价值标准，中国高校是否允许某类事情发生，中国的学生能否接受某种恩惠等。此时，评价者所依据的是外部标准，由于这种评价不会太受个人情感态度的左右，同学们的看法应该大体一致，因此有利于小组讨论活动的设计。

（二）评价类活动的形式

大学英语阅读教学目标认知层次包括"知识、领会、运用、分析、综合、评价和元认知"。换言之，大学英语阅读不仅要培养学生基本的文本识别能力、信息转述能力、大意理解能力，更要培养学生的逻辑思维能力、关系分析能力、评价能力和创作能力。因此，在规划英语阅读教学、设计英语教学目标时必须充分考虑评价的认知地位。常见的评价类活动有以下形式：

1. 外部标准参照评价活动

（1）换位思考。换位思考是一种角色转换的评价活动，要求学生根据自身的标准做出评价。活动中学生要扮演作者或者剧中人物的角色，设身处地地想在相同情况下自己是否会持同样的观点，是否会采取同样的举动。

以《全新版大学英语综合教程》第一册第七单元 Kids on the Track 为例，文章讲述了 Anthony 在紧急情况下对小孩施救的英雄举动。教师可以设计角色换位的评价活动来培养学生的评价能力。活动中，学生扮演母亲或 Anthcoy 的角色，评价在所给几个环境下自己是否会采用同样的行动，并且说明原因。这其实是要求学生用自己的标准评价 Kale 和 Anthony 的行为，在此基础上组织学生讨论，可以起到价值观教育的功能。所以很多情况下评价活动更多的是一种价值教育活动。

If you were one of them?

Step 1 Assign the learning task.

If you were the mother, would you do the following? Why or why not?

(1) Leave the children playing on the driveway.

(2) See Todd first.

(3) Extend arms to take the baby, not much hearing Anthony.

(4) Reach Gary via the beeper.

If you were Anthony, would you do the following? Why or why not?

(1) Tell Kate to go and call the police and ambulance first.

(2) Insist that the emergency personnel check the boy before releasing the grip.

(3) Visit the Pritchard's after the incident.

Step 2 Students work in groups to discuss their ideas.

Step 3 Call on individual groups to contribute their ideas.

另外,换位思考是一种应用性很强的评价活动。

以《全新版大学英语综合教程》第一册第二单元"All the Cabbie Had Was a Letter"为例, 文章主要讲述了作者在搭乘计程车时通过阅读司机朋友的来信了解到友谊的可贵性。教师 可根据文章内容设计两个评价类活动,要求学生根据自己的标准进行评价。

Activity1 What do you think of the author?

Step 1 Assign the learning task.

What do you think of the action of the author in the story? Do you think he did the right thing? Why or why not? If you were the author, would you do the same?

Step 2 Students share their ideas within groups of four.

Step 3 Students report about group ideas.

Activity2 What do you think of the driver?

Step 1 Assign the learning task.

What do you think of the driver? If you were the driver, how would you maintain the friend-ship?

Step 2 Students work in groups to share their ideas.

Step 3 Call on individual groups to contribute their ideas.

活动分析:活动 1 要求学生根据自己的标准评价作者, 主要评价其交流的方式, 对待 司机的态度, 以及对待友谊的态度。建议给学生足够的讨论时间, 激发学生思考, 鼓励学 生发表自己的观点。活动 2 同样要求用自己的标准评价, 但评价的对象是司机, 主要评价 司机对待友谊的方式。在此类评价活动中, 学生根据自己维持友谊的标准评价他人, 学生的回答可以反映其价值观和友谊观，教师可以借此开展友谊观教育。因此，换位思考这种评价活动具有很强的应用性和实践性。

（2）概括类推。概括类推指通过把课文中的案例推而广之对其实施评价的一种评价活动，学生需要用自己的经验进行判断和评价，评价所采用的是公用标准。本活动有助于培养学生关注社会、关注他人的品质，因此要注意鼓励学生发表自己的观点，不必太多注意语言。

以《全新版大学英语综合教程》第一册第七单元 *Kids on the Track* 为例，教师可设计概括类推的评价活动，要求学生根据自己的经历分析在中国是否也有像 Kate 一样沉着冷静的母亲，是否也会存在类似的现象。

Similar cases.

Step 1 Assign the learning task.

This story describes a careless mother and an emergency case on the railway. Do you think there are such mothers in China? Do such things happen on our railway? Discuss with your partner and report your ideas. Step 2 Students discuss in pairs.

Step 3 Call on students by pair to demonstrate their argument.

2. 内部标准参照评价类活动

（1）对比评价。对比评价指选择一篇与课文相似的材料，让学生判断所选材料在逻辑、行为等方面是否符合课文的要求。这其实是要求学生根据内部标准参照评价来评价阅读材料的结构、逻辑关系和论点观点。针对不同类型的文章，学生在进行对比评价时，教师可以向学生提供某些图式框架，如文章类型及其特点、不同类型文章的结构分析或逻辑关系分析以及相同类型文章的对比分析，以便让学生了解相关的背景知识、与话题和文章类型相关的知识和对比分析知识。

以《大学英语精读（第三版）》第二册第二单元 *Lessons from Jefferson* 为例，文章主要概述了托马斯·杰斐逊的主要观点。评价活动要求学生根据教材中文章的结构评价所给段落的结构，即要求学生首先分析左栏原文中的两段所包含的逻辑，然后评价右栏所给的两段表述是否符合左边两段文字的行文逻辑。

Paragraphs comparison.

Step 1 Assign the learning task.

Firstly, you have to analyze the structures and logic relationships of the original paragraphs on the left and the given two paragraphs on the right. And then, you can make a comparison, telling whether they have the same structure and logic relationship. That is, what do you think of their structure and logic relationship?

Step 2 Students work in groups to discuss their structures and logic relationships.

Step 3 Call on individual groups to report their conclusions.

（2）质疑作者。质疑作者要求学生对作者的观点、逻辑、写作方式等进行评价。讨论开始前，教师可向学生提供不同类型文章的基本要素、写作特点等图式内容。通过这种讨论，学生不仅可以更好地理解课文，同时也对文章的写作有了更加明确的了解。

以《全新版大学英语综合教程》第一册第八单元为例，作者通过介绍自己的经历，指出教育方面存在的问题，并提出了一些解决方法。一般情况下，说明文和议论文都应该有结论，而本篇文章并没有结论。因此，教师可设计评价类活动，组织学生讨论如果按照一般的写作规范应该如何评价；如果需要结论的话，结论应该如何写；并分析这种写作方式的优势与不足。

Questioning the author.

Step 1 Assign the learning task.

This text does not have a conclusion. What do you think of such writing? If you were the author, would you also do without a conclusion? If not, can you write a conclusion for it?

Step 2 Students work in groups to discuss the conclusion.

Step 3 Call on individual groups to report their choice.

另外，对写作方式的评价还包括论据是否合适，逻辑是否合理，观点是否正确等。以《大学英语精读（第三版）》第二册第九单元 *What is Intelligence, Anyway?* 为例，课文中作者利用两个案例说明自己的观点：一个是自己的汽车出故障自己不会修理，需要找修理工；另一个是自己被修理工的陷阱问题难住。借此作者试图说明，自己虽然在智商测试中拿到 160 分的高分，但并不能说明自己就很聪明。但是，通过分析课文就会发现，这种论证是站不住脚的，因为修理工和陷阱问题的回答所需要的不是自己智商测试所测试的能力。因此，用这个无关的证据说明自己不够智慧显然是不合逻辑的。就等于自己数学明明很好，结果用英语成绩不好来说明自己的数学未必好一样滑稽可笑。显然，作者引用的案例不能说明主题。所以，教师可以设计两个评价类活动，一是组织学生对本文论据的合理性展开讨论，这种逻辑关系的判断不仅是阅读的要求，同时也是写作的要求；二是组织学生讨论文章第四段的推理是否符合逻辑，主要是想让学生明白这种假设在推理中的作用，以及智商测试本身可能存在的误区。

What do you think?

Do you think the cases in the text explain the author's argument?

Case 1 When something went wrong with his car, he hastened to the auto repairman, who always fixed his car.

Case 2 He was once caught by a tricky question of the auto repairman. What do you think of his reasoning in paragraph 4?

Paragraph 4:

"Well, then, suppose ray auto repairmen devised questions for an intelligence test. Or suppose a carpenter did, or a farmer, or, indeed, almost anyone but an academician. By every one of those test, Fd prove myself a moron. And I'd be a moron, too. In a world where I could not use my academic training and my verbal talents but had to do something intricate or hard, working with my hands, I would do poorly. My intelligence, then, is not absolute. Its worth is determined by the society I live in. Its numerical evaluation is determined by a small subsection of that society which has managed to foist itself on the rest of us as an arbiter of such matters."

Do you agree with "because you're so goddamned educated, I knew you couldn't be very smart"?

(三) 评价活动的设计原则

1. 支架原则

支架原则指的是在设计评价活动时要考虑支架的搭建。要实施有效合理的评价首先必须明确评价的标准，如果是内部标准参照评价，教师就应该设计标准认识活动，分析所阅读的材料中包含的逻辑、结构等，然后提供要评价的材料。

2. 理解原则

所谓理解原则指评价以促进学生对课文的理解为目标，通过评价学生可以更好地理解文章的结构、逻辑和语言使用，可以更好地理解文章所要传达的观点、理念、价值观。如果只是为评价而评价，评价也就失去了应有的作用。

以《大学英语精读（第三版）》第三册第五单元 *The Day Mother Cried* 为例。在本文作者的眼里，母亲一直以来都是很坚强的。所以当作者第一次看到母亲哭泣时，惊讶之外也多了份自责，因为自己从来没有体会过母亲的压力。不过，母亲并没有畏惧，最终战胜了困难，这也成了作者日后成功的动力。该故事比较贴近生活，反映的主题思想也比较容易被学生接受和理解。教师可以根据该故事设计一个评价活动，让学生评价本文中母亲的哭泣行为，或者换位思考，如何看待自己父母的哭泣行为。

Activity 1 What do you think of the mother?

Step 1 Assign the learning task

This story describes a mother who was found crying before her child for the first time, which makes the author surprised and embarrassed. What do you think of the mother in the story? Do you think she is a weak person by crying before her child? Why or why not? If you were her, would you do the same?

Step 2 Students share their ideas within groups of four.

Step 3 Students report about group ideas.

Activity 2 Similar cases.

Step 1 Assign the learning task.

Have you ever seen your mother or father crying? If so, what do you think of them? Do you think they are weak by doing that?

Step 2 Students discuss in pairs.

Step 3 Call on students to share their ideas.

此类评价活动虽然属于口头活动，对学生的口语表达能力有一定的要求，但还是应该以理解为主。因此，通过根据这样的性质设计的评价活动，学生不仅可以加深对文章中那位母亲的理解，而且还可以通过类似情况，换位思考加深对自己父母的认识和理解。这样的评价活动目标不是训练学生的语言表达能力，更不是为了评价的形式，而是更好地理解文章所表达的主旨大意和中心思想，更高地提升学生的认知水平和理解能力。

3. 评价分享原则

由于人们价值观的差异，所做的价值判断也会不同。在实施外部标准参照评价，尤其是依据学生个人标准进行评价时，教师可以充分利用同学们评价方式与评价结论上可能存在的差异组织学生开展小组讨论，分享观点，促进理解。

以《大学英语精读（第三版）》第二册第一单元 *At the Dinner Party* 为例，文章讲述了晚宴期间，女主人在眼镜蛇爬过她的脚面时，为了不打草惊蛇以免伤害到其他的客人而表现出的勇敢和冷静。教师可根据该故事设计一个评价活动，要求学生来评价女主人当时的表现，或者要求学生换位思考，如果自己是这位女主人，自己当时又会怎么做？

What do you think of the hostess?

Step 1 Assign the learning task.

Directions: What do you think of the hostess in the story? Do you think she is so brave? Why or why not? If you were her, what would you do at that time?

Step 2 Students share their ideas within groups of four.

Step 3 Students report about group ideas.

针对这样的评价活动，学生可能会存在不同的理解和对女主人行为的评价。那么教师可指导学生在小组内部进行讨论，相互阐述自己的观点，分享对女主人行为的理解和评价。最后，教师可组织学生进行评价汇报，每组选出代表在全班同学面前展示自己的讨论结果。其他同学则可以作为听众来评价演讲同学的评价。这样不仅可以加深同学们对文章的理解，还可以分享同学们不同的评价，相互理解，相互促进，相互提高。

二、英语阅读教学评价类活动设计的示例

教师在设计评价类活动时应先确定阅读材料的评价目标，然后结合文章的类型、内容、写作特点、主题，并结合评价活动的内部标准参照评价和外部标准参照评价设计相应的评价类活动。具体评价活动类型如下：

（一）场景安排评价类活动的示例

以《全新版大学英语综合教程》第一册第七单元 *Kids on the Track* 为例，文章在讲述 Anthony 在紧急情况下对小孩施救前设置了一些场景：天气方面 a pleasant morning 给人心情舒畅的感觉，预示着美好一天的开始，这样就与后面出现的危险事件形成对比；环境方面 distant cry of a locomotive horn 和 No fence separated their backyard form the track，only a thick row of trees 都暗示着危险的到来现场。紧接着，31/2-year-old Todd and 18-month-old Scott，were nearby，playing on the driveway. 把危险拉近，使读者感觉到危情马上就会出现。可见，作者在场景运用方面做得恰到好处。令人愉快的早晨，看似祥和安全却隐藏危情。铁路旁设施经常为人们所忽视，应有设施的缺乏隐藏着杀机。场景在故事理解中起着十分重要的作用。因此，教师可以引导学生评价本文场景的设置和效果。例如：

Evaluation on the use of setting.

Step 1 Assign the learning task.

Setting plays is an important part in story telling. In order to make a strong comparison, the author uses some setting in this story, such as, weather: "a pleasant morning"; surroundings: "Distant cry of a locomotive hom", "No fence separated their backyard form the track, only a thick row of trees", and scene: u31/2-year-old Todd and 18-month-old Scott, were nearby, playing on the driveway. M What effect does this setting have on the story? And what do you think of the function of the setting used to tell a story?

Step 2 Students work in groups to discuss the functions and effects of the setting.

Step 3 Invite individual groups to explain.

活动分析：本活动为学生理解场景提供机会和支持。为了便于学生开展活动，这里提示了场景分析的例子，如天气、环境和现场。教师可以组织学生讨论，主要是讨论场景的作用。

（二）逻辑关系评价活动的示例

1. 标点符号使用的评价

以《大学英语精读（第三版）》第二册第三单元 *My First Job* 为例，文章主要讲述了作者应聘兼职教师时的遭遇，在描述内心活动、进行环境描写和故事叙述方面多次使用了分号、冒号和破折号，对表达句子之间的逻辑关系起到了非常重要的作用。因此，教师可设计评价逻辑关系类活动，具体评价标点符号的使用。例如：

Evaluation on the use of punctuation.

Step 1 Assign the task.

Now we know the functions of punctuation. Can you read the following sentences and tell whether the punctuation is properly used? Please cor-rect the punctuation if necessary.

（1）Being very short of money and wanting to do something useful, I applied, fearing as I did so, that without a degree cind with on experience in teaching my chances of getting the job were slim.

（2）The front garden was a gravel square, four evergreen shrubs stood at each comer, where they struggled to survive the dust and fumes from a busy main road.

（3）I should have to divide the class into three groups and teach them in turn at three differ-ent levels, and I was dismayed at the thought of teaching algebra and geometry: two subjects at which I had been completely incompetent at school.

（4）Worse perhaps was the idea of Saturday afternoon cricket: most of my friends would be enjoying leisure at that time.

Step 2 Students work in groups to evaluate the use of punctuation in the above sentences.

Step 3 Feedback and comment.

活动分析：本活动要求学生运用所学标点符号的作用，评价所给句子中分号、冒号和破折号的使用是否符合句子逻辑的要求。

参考答案：

（1）Being very short of money and wanting to do something useful, I applied, fearing as I did so, that without a degree and with on experience in teaching my chances of getting the job were slim.

（2）The front garden was a gravel square; four evergreen shrubs stood at each corner, where they struggled to survive the dust and fumes from a busy main road.

（3）I should have to divide the class into three groups and teach them in turn at three different levels; and I was dismayed at the thought of teaching algebra and geom-etry——two subjects at which I had been completely incompetent at school.

（4）Worse perhaps was the idea of Saturday afternoon cricket; most of my friends would be enjoying leisure at that time.

2. 段落逻辑对比的评价

以《大学英语精读（第三版）》第一册第四单元 Turning off TV: A Quiet Hour 为例，文章主要表达了作者建议人们关掉电视，清静片刻的观点。本文观点明确，结构完整，论文充分有条理，导读部分亦具有鲜明的特点。文章导入语部分自成一体，作者先摆出事实，即美国人大部分休息时间都在看电视。然后作者用使用"certainly"做了一个层次上和意义上的让步，即当然也有一些电视节目是值得观看的。继而，作者用转折连词"nevertheless"表达了自己的观点，即使如此，人们也不应该把大部分的休息时间用来看电视。最后，作者使用了"if"引导的虚拟语气来建议人们关掉电视之后可以做其他一些更有意义的事情。文章的导入语部分一般都比较简短，但本文的导读部分存在很强的逻辑关系，因此，教师可以设计活动引导学生评价该部分的逻辑关系。例如：

Paragraphs comparison.

Step 1 Assign the learning task.

Firstly, you have to analyze the structures and logic relationships of the original introduction part on the left and the given paragraph on the right. And then, you can make a comparison on them, telling whether they have the same structure and logic relationship. That is, what do you think of their structure and logic relationship?

Step 2 Students work in groups to discuss their structures and logic relationships.

Step 3 Call on individual groups to report their conclusions.

活动分析：本活动要求学生根据教材中导入语的结构评价所给段落的结构，即要求学生首先分析左栏原文中的导入语部分所包含的逻辑，然后评价右栏所给的段落表述是否符合左边文字的行文逻辑。这种评价活动不仅可以加深学生对原文段落结构逻辑关系的理解，更可以促进学生在自己的写作中学以致用。

（三）写作方式评价活动的示例

1. 重复使用的评价

以《全新版大学英语综合教程》第一册第一单元 *Growing Up* 为例，文章讲述了 Baker 孩童时期写作的梦想曾因为老师的古板乏味受到抑制，最后在英语写作课上找回了写作的梦想。文章在突出 Mr. Fleagle 的古板乏味时使用了重复，如第二段作者运用了 9 个 prim，从而照应说明 another cheerless year，unfruitful year；另外第五段作者重复了 5 个 I wanted 突出了作者为自己而写的强烈愿望。教师因此可设计活动让学生评价作者的这一写作方式。例如：

Evaluation on the use of repetition.

What do you think of the application of repetition in the text? Do you think it helps the author to express his idea? Can you mention some similar examples?

Step 1 Assign the learning task

In order to express his idea, the writer applies repletion as one of the techniques in this text. Do you think it helps the author to achieve his purposes? Can you name some similar examples you have read?

Step 2 Students work in groups to discuss the application of repetition and share what they have read.

Step 3 Group report and explanation.

活动分析：本活动要求学生从读者的角度评价作者重复技巧的使用，由于要求学生列举自己看到的同样使用重复技巧的文章，就可以为学生进行比较提供了机会，是一个比较好的评价活动。

2. 人称使用的评价

以《全新版大学英语综合教程》第一册第五单元 *Romance* 为例，文章讲述了 Blanchard 和 Maynell 的爱情故事。本篇作者采用了电影中镜头切换的方式展示了三个场景，增加了故事的真实性。教师可设计活动让学生讨论作者的这种写作技巧。例如：

Evaluation on the Person and its effect.

Step 1 Assign the learning task.

In this story, the writer begins with the third person description while in the second half, the first person is adopted. Why? What is the effect? What do you think of this writing strategy and its effect?

Step 2 Students work in pairs to share their understanding.

Step 3 Ask individual pairs to report and explain.

活动分析：

本活动的目的在于帮助学生理解文章的写作技巧。本篇作者采用了电影中镜头切换的方式展示了三个场景。第一个和第二个场景中作者都采用了第三人称的叙述方式，学生感觉在看电影，从而增加了故事的客观性和真实感。而 Blanchard 和 Maynell 约会的场景却采用了 Blanchard 口头描述的方式，这样便于描写自己的心理感受。听到当事人亲自描述，读者会有一种身临其境的感觉。可见，作者在故事中把场景的切换与人称的变换运用得恰到好处。

第四章 现代英语阅读的多元教学模式构建

第一节　英语阅读中的 PBL 教学模式

PBL（Problem-Based Learning）也称"基于问题式学习"，是起源于 20 世纪 60 年代加拿大医学教育领域的一种教学模式，随后被推广到教育学、管理学、工程学、心理学等其他专业的教学中。PBL 主张把学习放在真实的、复杂的问题情景中，通过学习者的自主探究和合作讨论来解决问题，从而深刻理解隐含在问题背后的知识，形成解决问题的能力，发展自主学习和终身学习的能力。PBL 被誉为近年来国外教育领域"最引人注目的革新"，建构主义理论为该教学模式提供了理论基础，认为学习是学习者主动建构知识的过程。合作式学习是 PBL 的方法论，也是其核心组成部分。此外，PBL 还强调"情境化"的学习对促进知识理解及知识在现实情景下的转化应用。

一个完整的 PBL 教学流程包括组织小组、设计问题、呈现问题、自我指导学习、解决问题、学习过程的总结、反思与评价等环节，这个学习过程使学生由知识的接收者、事实的记忆者变成了信息的分析者、评估者和组织者、呈现者。通过上述流程的组织安排，学生参与设计、组织、应答、反思各个环节的教学活动，发展学生研究与调查能力、信息技术能力、归纳总结能力、问题解决能力、独立工作能力、团队协作能力、沟通能力等，最终发展其思辨能力。这些能力都是可以从大学教育中带走的能力，是可以迁移的能力。

一、英语阅读中 PBL 教学模式的实施情况

基于现行英语专业阅读教材选题范围的广泛性、文体的多样性和学生英语水平、学习动机的差异，我们主要探索了 PBL 教学模式中问题环节的设置、合作学习的开展、师生的反思和评估的方式，优化 PBL 的实施效果。通过教师和学生共同参与并完成提出问题、分析问题、解决问题的循环，突破传统的提问、回答、讲解的课堂教学模式，实现学习者主动参与构建知识，实现由被动接受知识到应用知识解决问题，革新思维模式，提高学习者

获取知识、独立思考、探索及自我开拓的能力，构建师生良性互动的阅读课堂，实现阅读教学模式的创新。

"学生是学习的主体，教师则是应用教学模式、创新教学内容和手段的主体，教学过程应该是一个发现问题、分析问题、寻找方法解决问题，最后更新理念再指导新一轮教学的过程"①。教师利用 PBL 教学模式中"问题的循环"，发现教学中的问题，主动研究、分析、解决问题，优化教学效果，形成课题来源，推动自身发展。

二、英语阅读中 PBL 教学模式应用的意义

第一，促进教学方式的转变，优化阅读课堂提问和课程评价环节，构建生动的阅读课堂，辅助教师教育发展。问题的设置是 PBL 教学模式的核心步骤，评估的有效性和反拨作用直接影响学生自主、合作学习开展的效果，因此，教师不但需要转变教学方法，改变教学组织形式，更要深入研究问题设置的真实性、情境性，研究如何才能设置出与教学内容相关、难易程度适合、学生感兴趣的质量较高的问题。

第二，增强学生阅读课参与意识，提高学生学习兴趣，培养学生主动阅读和合作学习的能力。受困于升学压力，习惯了基础教育领域填鸭式教学方式的学生，在大学入学后，难以适应学习上的变化。PBL 教学模式的应用，促进了学生学习方式的转变，生成了自主学习和合作学习能力，促使他们积极主动地参与阅读活动。

第三，提高学生语言运用能力、知识理解能力，激发学生创新思考和思辨的能力。PBL 教学模式强调问题的真实性、情境性，通过问题设置的情境化，学生借助情境中的资料发现、分析并解决问题，借此将所学知识和技能应用到解决问题中，实现有意义的学习。不同背景、不同语言程度的学生，看待问题的角度不同，提供的解决方法各异，这些思想的碰撞和交流有利于拓宽视野；合作解决问题有利于学生接受彼此的差异，进而发展思辨能力。

通过 PBL 教学模式的应用，教师从知识的传授者变为学习活动的设计者、组织者、管理者和评估者，不仅切实实现教师观念的转变——从主体到主导，还为教师的科研工作提供的解决方法各异，这些思想的碰撞和交流有利于拓宽视野；合作解决问题有利于学生接受彼此的差异，进而发展思辨能力。

---

① 张阳. PBL 教学模式应用对英语阅读教学的意义 [J]. 考试周刊，2014（97）：98.

第二节　英语阅读中的任务型与情景教学模式

一、英语阅读中的任务型教学模式

（一）英语阅读中任务型教学的目标分析

当学生处于学习的白热化阶段，学习压力大，面临四六级考试时，学生的情绪比较高亢，在这一阶段完成英语阅读学习就需要教师发挥一个引导者和促进者的作用，明确英语阅读的方法和任务意义，调动课堂气氛，增强和学生的沟通互动，充分激发学生的学习兴趣和能力，使学生的学习热情长期保持在较高水平，有利于融合英语知识，语法英语、词汇把握更加灵活、准确，全面提升英语任务型教学的教学效果。换言之，英语的教学目标是培养学生的阅读理解能力与学生英语素质，教师是指导者和督促者的角色，任务型教学中逐步活跃课堂氛围，推进学生阅读的进程，增强师生间和生生间的活动和互助，让学生在阅读过程中，能够保持进取的状态，高效完成英语阅读的教学目标。

第一，任务型阅读教学选择的目标是从学生的生活中获取的，让他们接触更新的文献阅读，始终让学生保持语言学习的新鲜感，使学生在紧张的学习压力环境中乐意主动探索，主动结合实际，树立个人学习习惯和思维能力，产生良好的阅读情感，愿意并积极投入英语任务型阅读当中。

第二，教师要以促进者、答疑者和向导的角色进入阅读教学中，控制课堂气氛，以灵活多样的方式开展教学任务。

第三，教师要从各个方面来使学生的学习环境更加开放，使学生能够灵活地接受并且满足更多学生多样化的发展需要。给学生提供从多方面获取语言信息的渠道，并将自己所学的语言知识应用到阅读实践中。

（二）英语阅读中任务型教学模式的主要特点

任务型教学方式被应用于英语教学活动中，在目前阶段主要存在于三个特点：第一，注重教学的意义，教学活动开展更贴近自然；第二，任务的亮点是针对某一教学任务的，这种教学任务源于现实生活，更贴近生活，调动课堂氛围，教学内容给学生留下深刻印象；第三，任务学习的设计要注意后期任务的完成情况，只有合理完成任务才是任务学习的主要标志。换言之，"任务型教学是把任务当作课堂语言学习的一种活动，课堂中所涉及的语言活动非常接近自然"[①]。而且课堂任务型教学的优势在于能够解决英语知识的实际问题，即交际问题，交际问题大多贴近生活和实际，让学生能够产生兴趣，积极主动地去学习和探究。另外，任务型教学模式更重视的是任务是否完成以及完成的具体情况。

（三）英语阅读中任务型教学模式的实施阶段

在实验中通过教学设计使学生听、说、读、写、译能力的训练与培养有效贯穿于以下三个阶段：

1. 任务前阶段

激发学生的阅读兴趣应为本阶段设计的首要原则。教师应适当讲一些与本课有关的背景知识，如语法结构、文章主旨以及课文的相关资料。在阅读过程中，太多的语言障碍往往会影响学生对文章的理解，甚至对阅读失去兴趣。因此，教师可以先解释一些较难的句子和词语，但不应该对全部的生词、难句进行解释，应培养学生通过一些阅读技巧来猜测词义。另外，教师应使学生明确阅读目的，提高阅读效率。换言之，在英语教学中，要做好学生阅读前的准备。可以通过猜测的方法导入英语教学：如果总是让学生对课文的单词进行预习并且重复阅读，不仅乏味而且耗时，可以把新单词写在黑板上面，让学生进行阅读并给出自我理解，最后教师进行正确解释，或者可以制作纸条写上英文单词或者中文解释，让拿到纸条的学生找出正确的对应项；也可以通过图片让学生猜测文章的内容，让学生对接下来的阅读有一个大致了解，也可以提高学生的学习兴趣和注意力；利用文章标题让学生对文章内容和背景知识进行猜测也可以提高教学的生动性；教师也可以在教学前针对所学内容设计一些问题，这些问题要与学生们的亲身经历密切相关，这样一来学生会感觉学习的内容是与自己有关的，而不仅仅是学习任务，这样就让学生们有话题可以聊，在进行思考的同时主动去学习。

简而言之，任务前阶段的工作主要是布置任务。教师根据不同的课文设计出形式多样的任务，提出完成任务的方式及所要达到的目标。在这一阶段中，教师可完成以下教学任务：一是创设任务情景。教师可以以谈话、游戏、故事、音乐等方式设置悬念，充分激发学生的学习兴趣。二是介绍阅读材料的背景知识。背景知识又称非直观信息，它储存于学生的长时记忆中，是影响学生阅读分析和理解的一个重要因素。适当介绍背景知识，可以帮助学生扫除障碍，对将要阅读的材料内容做出一定的预测。三是扫除语言障碍。语言障

---

① 王丹. 英语阅读教学理论与实践 [M]. 北京：知识产权出版社，2018：59.

碍包括生词的语音、语法、词汇和句子等。教师可对部分障碍做出解释，但是要控制好生词释义的量。有些生词的词义可让学生通过上下文进行猜测。

首先利用多媒体设备给学生展示一些文化遗址的图片，如世界八大奇迹（秦始皇兵马俑、埃及金字塔、摩索拉斯陵墓、阿耳忒弥斯神庙、宙斯神像、罗德港巨人雕像、亚历山大灯塔、巴比伦空中花园）让学生形象、直观地感觉世界文化遗址，然后引出主题。

围绕话题：让学生课前分成四组，各自确定要描述的一个中国的文化遗址，利用各种渠道（利用网上查资料，到图书馆查阅资料，向高年级的同学请教，等等）寻找相关的资料并组织成文；而教师也要准备一个文化遗址内容，课上让学生上来演示并且与教师自己准备的进行比较，突破以往教师只拿学生们的作品比较的陈规，这样做容易激发学生的学习欲望和兴趣。而阅读课各种各样的问题的设置有助于学生更好地了解所学的内容，也能更多地锻炼学生的动手能力。

2. 任务中阶段

任务中阶段在于提高学生的阅读技巧，教师不仅要帮助学生对文章的整体框架和大意有初步的了解，而且还应该让学生了解作者的写作目的。教师可以设计几个小的任务链，让学生运用以下步骤去独立完成任务。

快速浏览全文：让学生快速浏览文章，了解文章基本结构及大意，找出中心词及中心句，抓住作者写作意图。

跳读：教师可根据文章的具体信息提前设计相关问题以引导学生有目的、有重点地快速浏览文章，使其能快速地回答目标问题。

细读全文：教师应引导学生带着目的仔细阅读文章，去获取全文及每段中的一些细节，了解每段大意及段落之间的相互关系。

阅读的中心环节就是阅读过程，阅读过程在很大程度影响学生的阅读质量。英语阅读不是念经书，不能敷衍了事，对于一些英语能力不足或者兴趣不高的同学而言，这或许就是折磨。所以可以尝试快速阅读，通过把握一些中心句子了解文章内容和主旨，这样不仅快速而且实用。

在任务阶段中，教师根据阅读课文所提供的素材来设计任务，如叙事类课文，学生可通过小组合作把故事改编成短剧，然后进行表演；论述性课文可让学生总结出作者的观点，讨论其合理性并与自己的观点相对比，然后根据所持的不同观点进行辩论；描写类课文可让学生以小组为单位，一起合作把景物画出来，然后每组派一个成员结合图画把课文复述出来。在实施任务的过程中，教师的主要作用是监控学生的任务执行情况，如监控是否每个学生都有发言的机会，学生的发音是否正确、用词是否得体等，并把出现的问题记录下来。

3. 任务后阶段

在下课前，教师应该用简短的话语对课堂教学作一个总结，或者引导学生总结在课上所学到的内容。同时，教师可以布置相关作业，例如，让学生改写课文、缩写、采访、报道，做相关的完形填空或阅读理解等练习。另外，教师可以让学生完成一些交际任务，引导学生通过讨论表达个人的观点。学生完成任务后，教师应对其做出评价，发现问题或提出相应建议，评价要具有激励性。

阅读完成后也是需要重视的，它是对课堂学习的延伸。在对文章理解后能拓宽思维，使学生的学习从维持性学习向自由创新性学习改变，从接受性学习向研究性学习过渡。在阅读结束后，教师可以根据文章内容，结合实际安排任务活动，也可以引导学生进行思维扩散。在这一环节中，教师不能仅局限于本单元内容的学习，而应把前几单元或者以往学习的相似知识联系起来，寻找到其中的规律，这样学生对于所学内容就更加清晰明了，对于日后课本的复习也会更清晰深刻。

二、英语阅读中的情景教学模式

（一）情景教学法的认知

情景教学法自 20 世纪 70 年代形成以来，已逐渐发展成为一种语言教学中的基本思想和教学方向。情景教学法的语言理论基础是英国的结构主义语言理论。口语被认为是语言的基础，结构是说话能力的核心。与美国结构主义语言学不同的是，在这里语言被看作是与现实世界的目标和情景有关的有目的的活动，这些活动是有交际意义的。教学要为用语言进行有效实践创造条件，要把学习手段与其最终的交际目的紧密结合起来。英语教学的过程就是语言交际能力的习得过程，学生在交际中不断掌握语言技能、语言知识和语言特点。

1. 情景教学法的理论依据

情景教学法理论依据主要有三点：第一，学生的心理和年龄特点。学生有强烈的求知欲，爱幻想，思维有明显的具体形象性特征，情景教学可使学生充分发挥想象力、创造力。第二，语言的习得规律。语言的习得不是从词形与语法规则入手的。语言是在语境中学习，在应用中掌握的。第三，学生的学习规律。情景教学可充分调动学生的有意识心理活动，充分挖掘学生的无意识心理活动。使学生在轻松愉快的气氛中，进行积极的、有创造性的学习，使整个身心得到和谐发展。

2. 情景教学法的主要特色

传统的英语课堂，教师总是把讲台当成了教师传授具体的知识点与语法知识的一个舞台，供学生能够在考试中博取一个较为理性的分数。但在当前课程改革的时代背景之下，我们开始注重高效课堂的构建，注重学生英语素养与综合能力的提升，情景教学法正是在这一需求的基础上逐渐发展起来的。

情景教学，是指教师在课堂上要利用一切可以利用的条件，给学生创设一种与学习内容相关、相似的教学情景，使学生能够处于适宜的氛围中，把英语学习当成一种自然熏陶，在潜移默化中被教师润物无声，而不像传统的课堂那样被动地、机械地接受教师具体知识的灌输。这样的学习方法较为高效，能够提升学生的整体素养，提升他们的交际能力与创新精神。

情景教学的特点包括三个方面：一是随着信息技术的飞速发展，电子计算机技术对于英语课堂的影响是革命性的，尤其在情景教学方面，它通过自身的特征在课堂上给学生创设了一个声光电等多种感官刺激的五彩缤纷的世界，极大地鼓舞了学生的学习兴趣与欲望，优化了课堂教学效果；二是教师在情景教学过程中的角色发生了很大的变化，不再是传统意义上的课堂主宰者，更多的是给学生一个示范，然后让学生在具体情景中自我感知、自我讨论、自我学习，教师在其中穿针引线，有效引领与推动；三是将学生的主体地位落在实处，真正意义上将学生的主动探究与主动学习摆在首位，注重学习过程，淡化学习结果，升华学生素养，淡化考试成绩。但作为学生素质的一个重要体现，学生的成绩当然也不会受到太大影响。

（二）英语阅读教学中情景教学法的作用

1. 运用情景教学法为学生塑造良好的课堂氛围

教师根据教学内容与教学目的，有意识地创设出一种色彩鲜活的情景，不仅可以调动学生学习的积极性，激发学生的学习热情，还可以通过问题的分析与问题的解决，有效培养学生的思维能力。在英语阅读教学中，教师运用情景教学法，为学生创造与学生日常生活息息相关的情景，可以有效避免英语阅读课堂的枯燥性，使学生身处活跃的英语语言交流情景中，创造轻松愉悦的课堂氛围，学生在身临其境的感觉中，不自觉地参与到课堂教学活动中，激发学生学习英语的兴趣，从而提高教学质量。对于英语这门语言性学科而言，学生不仅需要掌握必要的语言基础知识，还要有很强的实际运用能力，即英语交际能力。我们创设情景，有助于学生更好地理解英语，学好英语。无论是哪一种情境，都能够带给学生有力的冲击，从而有效地激发学生的求知欲望，提高学生的积极性。

相关实验表明，教师教学中要想取得良好的教学效果，就必须让学生在一定的外语环境中使用外语进行模仿训练，这能够提高学生的语言感知力。这就要求教师在课堂上能够提供给学生一些简单的句子以及一定的语境，为此，教师必须在例句的选择上下功夫，要选择那些具有代表性、精炼的句子进行铺设。在英语学习中，我们常常会遇到一些多义的单词，虽然这些在一定程度上丰富了英语的魅力，但也给英语的学习带来了困难，这就要求教师在教学中能够结合语境理解相同词汇不同情况下的含义，进而加深学生对英语学习的理解。教师可以以文本内容为情景创设蓝本，鼓励学生尝试并探索如何用多种语言进行交流，这既有利于帮助学生感受英语的语言魅力，也有利于培养学生的语感，让学生更好、更深入地学习英语。

2. 加大学生能力的培养

随着我国素质教育的深入开展，对于学生的要求不仅是掌握基础知识，更多的是提高学生的实际能力。随之，我们的课堂教学也由重知识传授向重能力培养进行转化，在课堂的教学中，注重以学生为主体，倡导学生主动参与学习，也应由以往教师为主体的课堂教学向以学生为主体的学习方法传授转变，勤于动手，乐于探究，开动学生的脑筋，启发学生的思维，有助于培养学生分析问题和解决问题的能力。

英语是一种语言工具，它具备最基本的语言交流功能。英语教学的目的不是为了应付"考试"，而是要提高学生的英语运用能力，让学生学会运用英语去进行日常交流。所以，教师要指导学生把所学的英语知识运用到实际生活中去，真正实现学以致用。教师可以通过创设各种各样的生活情境，来引导学生学习。从学生的日常生活着手，将英语相关知识变成交流工具，让学生真正认识英语、学好英语。

3. 提升英语教学的有效性

随着英语教学不断深化，阅读教学虽然取得了一定的进步，但始终是英语教学中的难点，这是因为学生的阅读水平上升需要长期的英语单词、语法等知识的积累和不断的练习。从英语教学的整体来看，阅读教学的有效性是比较难提升的，即教师和学生要花费很长的时间，才能获得较小的教学成果。情境本身对学生的学习兴趣、学习态度有影响，并且也影响教学内容的表现形式，这意味着在阅读教学过程中，教师和学生只需花费较少的精力，就能够维持较高的学习热情，并且使教学内容的展示效率更高，这有助于提高教学有效性，使阅读教学发展更快。

在进行情景教学时，还要注意学生阅读能力和理解能力的切实提升。不能使情景教学仅仅在表面上呈现一片繁荣景象。因此，在情景教学中，教师应当结合教学任务和教学目标，设置符合所创设的情景的问题，利用这些问题进行教学牵引，既有基础知识的掌握，又有基本能力的提升。利用问题教学进行驱动，不仅可以完善情景教学，而且可以使课堂效率的提高落到实处。情景教学法内涵十分丰富，通过简单情景的创设，根据"最近发展区"原理，利用问题驱动，推动学生的阅读能力逐步提高。换言之，情景教学尊重学生的个性思维，鼓励学生创新，提出自己的见解，积极开动脑筋，不断地提高学生的创新能力。例如，我们通过创设一个问题情景，让学生产生疑问，从而主动开动脑筋，围绕问题来进行探究。这样学生才能真正有所发展，有所创新，提出独到的见解。在提出问题后，要给学生留有一定的思考时间和空间，让学生在这个有限的实践和空间内不断地探索研究，发现和找寻问题的答案。

（三）英语阅读教学中情景模式的实践要求

第一，情景模拟要求必须明确。教师在组织情景模拟活动时，先要保证每个学生都清楚教师要做什么。为此，教师的要求必须讲得很明白，不要说得太快。必要时可重复几遍，并提问那些学习（听力）差的学生。看他们是否明白教师让他们做什么。某些难听懂的句子也可以把它们翻译成汉语。当学生知道教师下一步要做什么时，他们会十分高兴地作准备，并且能够积极配合授课教师。

第二，情景模拟语言必须简单、易懂。教师在情景模拟前后使用的语言要切合学生的实际水平。如果发现有些学生没听懂时，教师可以用另外一种方式来提问，直到所有学生听懂了为止。

第三，情景模拟过程中以鼓励为主。在情景模拟教法实施中，如果这些学生不能在模拟的情景中顺利表达自己思想，教师应给他们一些提示、启发和引导，并在他们表述时仔细听，只要他们说出一句完整的句子，教师就应该把这句话重复一遍，并表扬他们"Well done"，从而调动他们的主观能动性。

在我国的大学英语课堂教学中实施情景模式不仅是可行的，而且是非常有效的，它不仅能培养学生在仿真的实践中运用语言的能力，而且也可以提高学生在应试中处理有关阅读题目的能力。

（四）英语阅读教学中情景模式的实践活动

要在英语课堂教学中有效地实施情景模式，把学生的被动学习变为主动学习，必须在教学的各个不同阶段，针对不同的教学对象，采用不同的教学方法，才能收到预期的效果。根据情景模式的教学原则，让学生在情景模拟中进行英语实践，学生通过亲自参加多样化的情景模拟实践，学会和提高语言的交际能力。

1. 组织课前 5 分钟演讲的情景创设

组织课前 5 分钟演讲的教师不应该采取统一的模式，要针对不同层次的学生，采用不同的方式。针对新生，可安排学习成绩好的、发音准确的学生，让他们在课前准备好，模拟内容可自选，如天气预报、新闻摘要、学习生活、祖国家乡等。由于材料内容熟悉，加之可以自己动手设计演讲情景，这样可消除学生上讲台时的紧张心理，对于学习较差的学生，教师需要在课下进行个别辅导，先听一遍，纠正不正确的发音，并鼓励学生要充满信心。在模拟演讲时，还可事先把部分生词写在黑板上，这样不仅可提示演讲者，而且还可以帮助全班同学理解演讲的内容。演讲结束后，可由演讲者就所听的内容向同学们提出问题，或反过来由同学们向演讲者提出问题，也可以由教师对演讲者所讲的内容进行点评。逐渐地，学生的紧张心理消除了，会话能力也就越来越强。

语言的学习来源于生活，而学习结果也必然应用在生活中，但是英语阅读教学缺乏相应的生活语言环境，所以教师需要为学生创设这种环境，使英语阅读学习成为日常生活的一部分，只有这样，学生的自主阅读才能够充分开展起来。英语教师本身可以成为生活环境的代言人，平时路遇学生，使用英语打招呼和交流。

在阅读课开始前，用英语讲述今日发生的小故事；在教室内张贴英语名言；在黑板报上写下英语短故事等。这些生活环境创设方法都能够为英语阅读教学提供真实有效的情境，使学生的学习情绪始终处于英语语言的环境中，长此以往，英语阅读成为生活中的一种习惯，学生的自学主动性也会因此提升。换言之，教学来源于生活而高于生活。学生们有着自己的经历、情感和思想，并且在教学活动中，学生或多或少地将自己的这一生活体验带入课堂教学活动中。因此，教师在进行情境创设时，要立足生活，创设生活情境。在学生现有的知识储备和生活经验的基础上，创设一个适宜的生活情境，进而来引导学生在原有知识层面上增长新的知识和生活经验。

在英语阅读教学中，教师要将英语阅读的内容与现实生活合理地结合，让学生借助于已有的生活经验来探索未知领域，激发学生的学习兴趣，有效地拓展英语阅读的教学和学习渠道，培养学生的想象力、创造力和思维能力，有利于教学效率和学习效果的同时提升。换言之，鲜活的情境作为情景教学的核心，要求教师应用情景教学法。进行英语阅读教学时必须为学生创造良好的教学环境，营造良好的学习氛围，避免英语阅读学习的枯燥性，调动学生英语阅读学习的积极性、主动性，从而提高学生的学习效率，提高教师的教学质量，完成教学目标。

2. 课文情景模拟的再现

在反复阅读并理解课文后，教师可将学生分成小组。根据课文内容的难易程度，让学生进行课文情景模拟再现，模仿课文内容结合实际，用自己的语言表达。这不仅可以锻炼学生的文字组织能力和对文章的理解力，而且还可以锻炼学生的表达能力。

情景教学法应用于英语课堂的另一种模式是为课堂营造一种愉快、轻松的学习气氛，使阅读不再是英语教学中的难点，而是学习过程中的乐趣所在。一旦学生接受并且愿意在这种气氛中进行学习，学生的学习心理就会产生根本性的转变，他们在阅读学习中能够耗用较少的精力，而获得较大的收获。能够为英语阅读教学营造轻松氛围的方法是游戏教学方法。教师在课堂上可以让学生们进行英语接龙游戏，英语话剧表演等，通过这样有趣的小活动，激发学生们学习的积极性和热情，在课堂中，积极地参与教师安排的课堂活动中，主动地展示自我，给自己创造展示的机会，既能锻炼英语口语能力，又能提升自我素质，培养自信心。

在英语练习题中，很多题目源自我们的生活，贴近我们的实际，为避免学生英语阅读学习的枯燥性，教师可以充分利用英语练习题贴近实际的特点，提前规划设计，模拟英语阅读练习题中展现出来的情境，让学生结组进行表演，通过表演，将其演绎出来。在表演的过程中，学生作为课堂的主体，会积极参与到英语学习中。教师在演绎过程中引导、帮助学生，起到一个辅助的作用。通过这种方式，学生不仅有了英语阅读学习的积极性、主动性，还增加了课堂的趣味性，增加了师生之间的交流，让学生一边玩一边学。相比传统的教学方式，情景教学法可以明显地提高学生学习质量，改善课堂效果。

3. 进行真实的户外情景模式

我们在进行英语教学的过程中，也可以尝试着走出课堂并且放下教材，去体验一下户外生活，利用自然环境的刺激去让学生感受和体会，运用所学的英语知识在无意识的情况下进行真实情景模拟。例如，我们可以带学生走出教学楼去校园里，根据校园里随机发生的事情，利用户外的景物和工具，要求同学们进行英文模拟，这样模拟的英语知识由抽象变形象。

4. 组织相关的竞赛活动

为了使英语教学真正成为师生间的、同学间的语言双边活动，让全班每个同学都能得到并且拥有情景模拟的机会，如将全班同学分成若干小组，每个小组由 5~8 人组成，各个小组可根据每组成员的学习状况和男女生人数划分。教师可在上课前将模拟的阅读内容分别写在事先准备好的小纸条上，然后让各组代表抽签，再给 3~5 分钟或更长的讨论时间。讨论结束后，各组选派代表到讲台前按纸条上的内容进行模拟。这种模拟在小组内就必须轮流进行，使每个学生都有实践的机会。这种分组讨论的方式可促进学生之间的互相帮助，取长补短，还可以为口语好的学生提供施展才华的天地，为口语差的学生提供锻炼的机会，这不仅可以锻炼学生的口语，而且还可以增强学生的集体荣誉感。

5. 运用诗歌，导入情景，启发思维

在英语授课过程中，难免会遇到一些不愿主动思考或思维堵塞的学生。对于这类学生，单纯地提问讨论只会令其反感或者课堂冷场，最终影响教学效果。情景教学能否收到良好效果，教师如何去引导学生参与课堂活动并积极思考是关键。因此，在面对这类学生时，在提问前经常会利用多媒体给学生分享关于阅读文本主题的英文诗歌。学生在朗读后，自然地被诗人的描述带入特定的情景中，再结合自身的社会经验进行思维和语言组织，即可圆满地回答出教师的问题。通过诗歌欣赏，学生被成功带入文章情景，同时也启发了思维，增强了文学鉴赏的美感。

6. 利用游戏情景回顾阅读内容

针对大学英语的阅读教学，仅采用一般的单词游戏明显不够，在进行课文内容结构分析时可适当引入抢答环节，要求学生根据教师的提问，回答与阅读内容相关的一系列问题，这一游戏不仅能使学生巩固所学内容，更作为一种教学检测手段，方便教师及时了解和评估学生阅读内容的掌握情况。

7. 运用分组讨论情景，发挥学生主体作用

分组有两种形式：一种为分大组，另一种为分小组（一般4~5人）。大组主要用于分角色朗读或者大型游戏；小组主要适用于讨论或解决问题类教学环节。规定小组讨论和发言时只能用英语，这样能有效帮助学生在一定压力下操练英语口语并在学习过程中创设英语语言环境。大学英语阅读课文相对较长，在将学生分成4~5人一组的前提下，教师可给每个小组分配课文中任意一个自然段作为分析任务，要求学生通过小组讨论，解析段落重点、难点句子，总结各段大意等。

第三节　英语阅读中的支架式与多模态教学模式

一、英语阅读中的支架式教学模式

（一）"支架式"教学模式的理论认知

在建构主义的课堂中，教师的作用是非常重要的，建构主义者用"支架"这个词来形容教师的作用。支架（Scaffold）本意是建筑行业中使用的脚手架，此处用来形象地说明：

教师作为文化的代表引导着教学，使学生掌握、建构和内化那些能使其从事更高认知活动的技能。"支架式"教学一方面强调在教师的指导下学生去发现、探索；另一方面强调教师指导成分的逐渐减少，最终要使学生达到独立发现、探索的地位。"支架"理论在课堂教学的运用中，通过呈现情景，激发学生的学习兴趣；强调教给学生思考问题的方法，如比较、类比、归纳、概括、演绎和分类等，教给学生解决问题的方法等，使学生能够进行知识的迁移性学习；告诉学生怎样评价自己的学习成果和效率等，有利于提高学生的学习能力。

关于"支架式"教学模式，其主要以建构主义作为理论基础，认为在一定情景环境下学习者能够通过相应的学习方法与学习资料，而达到获取知识的目标。从支架的英文内涵看，其被比喻为"脚手架"，而能够进行脚手架搭设的便以教师为主，需要教师对学生适时引导，帮助学生完成知识框架形成的过程。从"支架式"教学模式的作用看，其首先表现在学生英语学习兴趣被激发方面，学生能够主动探究学习内容。同时，因阅读教学中教师改变原有灌输式教学方式，强调学生自主完成阅读过程，很大程度可促进阅读学习效率的提升。但需要注意的是，"支架式"教学模式下，尽管强调对学生学习主体地位的尊重，但并非意味完全忽视教师作用，要求教师充分发挥支架搭设的作用，为学生学习英语提供适时引导，这样才可达到阅读教学的目标。

支架理论是建构主义中较为成熟的一种教学理论，最早于 20 世纪 50 年代由认知心理学家杰罗姆·布鲁纳提出。他使用这个术语来描述幼儿的口语习得。当幼儿最初在父母的帮助下开始学习说话时，他们有着会本能地去学习一门语言。"支架式"教学从维果茨基的思想出发，借用建筑行业使用的"脚手架"作为基础知识概念框架的形象化，其实质是利用基本知识概念框架作为学习过程中的脚手架，这种框架是概念上为发展学生对问题的进一步理解所需要的，即该框架应按照学生治理的"最近发展区"来建立，可通过这种脚手架的支撑作用不停顿地把学生的智力从一个水平提升到另一个更高的水平，真正做到使教学走在发展的前面。

学习不是知识的传递而是学生自我构建知识的过程，教师只是学生构建知识的辅助者，学生必须始终处于主动的地位，其他人无法代替他进行自主学习。建构主义提出的"支架式"教学体现了以学生为中心的教学原则，教师在教学中的作用就是搭建一个学习的"脚手架"，便于学生一步步攀升，随着学生的进步，支架也逐渐减少。教学知识的呈现顺序和结构不是便于教，而是便于学。教师要鼓励和支持学生学习和解决问题的自主权，学习的自主性是创造的基础。

"支架式"教学的特点主要包括三个方面：首先，教学要在最近发展区内进行。因为

"支架式"教学本质上就是最近发展区内的教学。因此教师要了解学生的已有水平、经验和兴趣，这是创设适宜的问题情境所必不可少的基础。其次，教学中师生必须有效合作和互动。因为"支架式"教学的目的就是为了学生能够独立自主地学习。教师要提高条件，把握方向，以"后面扶持，前方引导"的搭架方式帮助学生更好地学习。最后，教师提供的支架是动态的、渐消的。在建筑行业里，房子建好后，支架就会全部拆掉，最后只剩下建筑。不同的是，在学习中，这种支架的撤销是逐渐的，也称为"渐消"。这种"渐消"就是随着学习者的实际发展水平提高，支架也相应升高，同时支架的总量要减少、淡出。

（二）英语阅读中"支架式"教学的实施步骤

1. 目标支架

教师应通过分析学习需求、分析学习者、分析学习内容帮助学习者确定学习目标，并以此为依据为学习者搭建支架。即教师应在每个单元、每节课的教学之前，准确地帮助不同学习程度的学习者定位学习目标以及教学的重点、难点，能够在教学中通过搭建学习"支架"的方式分解重点、难点，帮助学习者在有限的时间理解知识、内化知识直至运用知识。

在阅读课的开始，教师应该精心设计课堂提问，使课堂节奏有张有弛，教学有输入有输出，才能激发学生的阅读热情，培养学生独立思考的兴趣和习惯。提问要注意问题的有效性，换句话说就是提出的问题要有教学价值，并适当控制难度，巧设坡度，以激活学生思维、提高教学质量为根本目的。当然，教师所预设的目标并非一成不变、不可更改，随着教学过程的开展，学生可能会提出新的问题、疑惑或要求、建议，教师也可能会尝试新的想法。所以，目标支架应是一个动态的"支架"，教师对目标支架的适时调整会使目标支架趋于完善，从而为学生提供更好的辅助架梯。

2. 文化支架的搭建

文化支架的搭建目的是使学生掌握阅读文章的文化背景和相关人文环境。在英语阅读教学中，课文基本都是以英、美国家的风土人情、风俗习惯和地理人文为基础展开的，如果学生不了解这些相关的背景和文化知识，那么在母语环境的影响下将很难掌握其内容或者会产生偏差。因此，需要教师利用身边的各种渠道来给学生构建一个文化支架。

总而言之，文化支架的构建主要是指在阅读中掌握文章强调的背景中的文化，一般的英语阅读教学中多以英语国家本土文化为依据，不了解其文化背景，就会阻碍学生理解文章内容和大意。教师要利用多种形式构建文化支架。如电影、电视剧、报刊、网络等。学生同时需要阐述各个地区的文化历史背景的支架，这样他们能更容易掌握文中强调的信息和内容。"支架式"教学模式的应用主要是为了解决传统阅读教学中带来的弊病，在我们的实际教学中应该正确地认识到"支架式"教学的基本内涵和意义，在此基础上构建情境设立的支架、主题支架、文化支架这三个方面，以此达到新的英语阅读教学模式的基本要求，提升英语教学的水平和学生的英语成绩。

3. 动机与情感支架

阅读篇章并不都是贴近学生生活的，尤其在广大偏远地区，由于各方面条件的限制，学习者对文章中的情境也许闻所未闻。因此，教师选择与阅读文章话题相关的情境、设置让学习者能够接受的情境，最终能够让学习者理解、学会并迁移到新的情境。换言之，情景支架主要是在课堂教学过程中进行的，教师应该在课程中结合阅读文章的内容设定某些情景，促使学生快速融入文章的环境中，以此提升学生对文章的阅读速度和理解能力。在文化课中，可以先给学生展示画作，意在让学生比较中外大师的画作，进而体会其中的艺术性，给其塑造一个艺术性的环境氛围，然后对 FINE ARTS 课题的知识进行掌握。

建构主义学习理论认为，学习者主动、积极的学习态度是产生学习的前提。所以，激发学习热情、调动学习动机就是教师为学生搭建的第二个支架。动机对学习的促进作用是许多心理学家的共识，积极的情感也是学习中的一个重要促进因素，而且培养积极健康的情感本身也是学校教育的基本目标之一。在阅读教学中，教师一定要注意培养学生的学习主动性，激发学生的情感，只有这样才会有良性循环。所以教师在阅读教学导入过程中应尽量激发学生的阅读兴趣，尽量让学生把他们的主观能动性发挥出来。我们可以通过借助文章的标题、插图等，通过提问或讨论介绍阅读文章的主题，鼓励学生预测所要阅读的内容，明确阅读任务，讲解必要词汇。还可以就阅读材料向学生提出有关问题让学生思考，引发其阅读兴趣，并鼓励学生去图书馆查阅资料或上网搜索。让学生在这类活动中体验合作学习，充分调动他们学习的主动性和积极性。

为了激发学生的情感，教师首先要投入情感——对学生的情感、对学科知识的情感、对教育活动的情感，教师情感的投入在学生周围形成一个强大的情感场域，在这个情感场中沐浴学生的情感。其次，增加教育的审美情趣。美是一种最原始的力量，也是一种最无穷的力量，美对情感、性情、人格的感召力是巨大的。

4. 认知结构支架

认知结构支架是指在教师的引导下，学习者通过独立思考，发现问题、分析问题、解决问题，特别是要探索出解决相关问题的方法，以此内化知识、促进学习。教师要让学生通过思考、调查、讨论、交流和合作等方式，学习和使用英语，完成学习任务。协作学习是一种重要的学习方式，体现出学生是学习的主体。协作学习的过程中，学习者发挥各自特长，取长补短，能够解决相当多的问题。通过思考、交流解决的问题也可以让学习者印象深刻，学有所得。

5. 评价支架

评价也是英语教学中一个重要部分。英语教学需要建立能激励学生学习兴趣和自主学习能力发展的评价体系。该评价体系由形成性评价和终结性评价构成。因此，效果评价应至少包括教师评价、师生评价和学习者互评等，这样才能有利于培养和激发学生学习的积极性和自信心。换言之，教师应当建立"支架式"教学模式教学评价考评表，这里将评价形式分成两部分：过程性评价和阶段性评价，过程性评价包括学生自评、互评以及对教师的评价，阶段性评价包括单元检测和期中期末考试。通过课堂评价，教师可以判断学生对某个知识的理解和掌握程度，对教学目标的完成程度，从而及时发现教学设计中存在的问题。教师要针对典型问题对学生的课堂评价做出反馈和评价，让学生得到及时的反馈。同时，阶段性评价可以帮助学生查缺补漏，定期检查并督促学生认真对待学习中出现的问题。师生共同参与的评价系统将有利于保障"支架式"教学的顺利开展。

6. 认知策略支架

当代教育心理学提出了认知策略这一概念，指人对大脑内部的有意识的调控。由于有效的认知策略是很难自发生成的，需要从外部输入，所以在建构主义的课堂中，教师对学生的帮助也体现在对认知策略的指导上。认知策略中有一个很重要的成分——反省能力，其影响到学生对整个认知策略的应用，所以对认知策略的指导应注意提高学生的反省能力。因此，阅读后的活动可以要求学生口头或书面表达阅读体会，或就某一话题联系实际进行小组讨论，在这个用英语积极思维的过程中，学生发展了英语思维的能力和对文章的谋篇布局能力，这些能力不但有利于提高阅读速度，培养良好的阅读习惯，而且有利于学生抓住文章要领，培养了解文章组织结构的能力及对篇章的推理能力。我们很多时候让学生通过增加阅读量来提高他们的阅读水平，但如果在阅读中只注意追求篇幅数量，泛泛而读之后并没有进行记录，更不用说再花时间巩固消化相关的读后收获的内容，时间一长，大脑一片空白，即使遇到本已读过的内容也是似曾相识或形同陌路。所以在读后的活动中应该特别强调写作的作用，或创造，或改写，或复述，只有这样才能提高学生的反省能力。

（三） 英语阅读中 "支架式" 教学模式的启示

1. 重视内容设计选用，营造以学生为主的课堂

"支架式" 教学模式中 "支架" 的使用为学生提供了符合其认知层次的支持、引导和协助，帮助学习者由需要协助逐渐过渡到能够独立完成某一任务，进而使其由低阶的能力水平发展到高阶的能力水平。学生在一定程度上获得了成功将有助于他们提高学习英语的积极性，使他们对英语学习保持浓厚的兴趣。要更好地实现英语支架式语法教学，帮助广大学生培养良好的英语学习能力，我们教师作为知识传授者，在备课的时候要充分理解教材，并更好地了解学生的学习兴趣，研究教材中的每个活动以及活动的内涵，厘清每个探究性活动之间的结构及前后联系，这样才能更好地勾勒出一条清晰的探究规律；同时还要将教材内容和学生的现实生活更好地联系起来，以促进他们更好地运用自己来自现实生活中的个性化经验去理解和把握书本上的理论知识，从而为打造以学生为主的课堂作好教材准备。此外，教师要在具体的英语教学中注重自己的教学方法，注重摒弃以前那种比较单一的传授知识的方法，要注重对学生学习方法的培养，注重在具体的英语课堂上创造比较开放的氛围以及学生与教师之间，学生与学生之间不断互动的互动式课堂；同时要注重创造支架式语法教学探究合作式的课堂，通过合适的方式逐个解决，并在探究中掌握学习的方法。

"支架式" 教学模式强调学生是教学的中心、是知识意义的主动建构者。"支架式" 教学模式鼓励学生进行独立的探索，并且在阅读过程中发展不同的阅读策略，另外随着阅读过程的深入，学生认知能力的提高，教师会逐渐撤除支架来培养学生自主学习的意识，实现学生的自我监控，这都有利于学生自主学习习惯的养成。通过问卷调查发现，通过使用 "支架式" 教学模式，学生在自主学习意识、自主学习动机、自主学习策略以及自我效能感等各个方面都有不同程度的提高，而且在实验后与控制班具有显著差异，据此可以说明，"支架式" 教学模式的使用有利于帮助学生发展自主学习能力。教师为学生提供 "支架"，构成了学生学习过程中的一个过渡阶段，随着学生学习能力的不断提高，教师要逐渐撤除支架，然而如果不及时撤出支架或者支架的搭建过多过细，将会限制学生的思维，不利于学生自主学习习惯的养成。

2. 教师要以教学内容实际，创造学生先学后教的课堂

"支架式" 教学模式以学生为中心，强调学生自主性和创造性的培养，打破了原来教师主导课堂的局面。然而，这并不意味着教师作用的弱化，反之，教师在 "支架式" 教学

模式中的作用至关重要。为了更好地实现英语"支架式"教学，帮助广大学生培养良好的英语学习能力，同时也提高我国英语课堂的教学效率，作为英语教师的我们还要知道每个学生的个体差异性是客观存在的。在该教学模式中，教师起到引导者、帮助者和促进者的作用。一个优秀的教师，应该了解学生的特点和能力，能够适时地给学生提供符合其认知发展的支架，在学生需要帮助的时候给予提示和帮助以及反馈。通过设置各种活动来组织和引导学生理解和运用学到的知识，解决学习中遇到的问题。同时一个优秀的教师还应该给学生提供轻松愉快的学习环境，充分发挥学生的个性和特长，培养学生的学习兴趣和自主性，帮助学生真正成为学习的主人。

由于学生的英语基础不同，所以教师要了解他们的长项和短板，并且进一步了解学生的心理倾向和认知规律，这有助于教师充分了解学生，从而更好地鼓励学生培养自主学习的意识与习惯，不断提高他们自学的能力，做到课前预习，使学生带着问题走进课堂，在课堂上通过教师的帮助解决他们遇到的具体问题，从而创造学生先学后教的课堂，与此同时，英语教师还要努力激发学生的学习兴趣，鼓励学生自主学习，自主提前预习书本内容。

教师应该根据学生的认知情况进行"支架"的搭建，教师可以根据以往的教学经验来预测学生可能会在阅读中遇到的问题，从而选择合理的支架来帮助学生顺利地进行阅读。搭建并不是越多越好。教师要从教学内容的实际出发，在一定程度上为学生的思维提供充分的发展空间。然而支架也可能将学生的思维导向固定化模式。因此，当学生具备了一定的认知和语言能力之后，教师应该减少支架的使用，鼓励学生从多维度思考问题，发展创新意识和独立思考的习惯。

（四）英语阅读教学中支架式教学模式的应用

1. 英语阅读中支架理论的应用优势

（1）提高英语词汇量。在日常阅读教学活动中，教师可根据文章上下文的逻辑关系，按一定规律把词汇串联起来，让学生将新旧词汇进行关联，学会融会贯通并加以吸收。还可以利用英语单词构词法、词汇的同义和反义关系、词形相近词和易混淆词汇归类整理等搭建相应的词汇学习支架，帮助学生掌握词汇。只有具备足够的词汇量，学生在英语阅读过程中才能扫清词汇障碍，更为顺畅地阅读并准确获取信息，更为有效地解决阅读中的词义和句意问题。

（2）增强英语语法知识。教师可以运用语境、讲解引导等模式搭建"支架"，帮助学生掌握语法知识。在阅读文本教学过程中，遇到抽象难懂的语法规则，教师可以采用范例、图解、练习、任务等支架，帮助学生构建属于自身的语法体系。还可通过增强学生的学习动机，自我激励的等方式充分发挥学生自身的内部支架作用，自行分解语法学习中遇到的复杂任务，更全面地理解语法规则、理解句型，构建词法、句法系统。这样才能让学生在阅读过程中处理复杂的句子关系，从而更有效地把握文意。

（3）培养英语文化意识。在文化意识培养方面，教师可以搭建文化意识、非语言组成的信息等"支架"，让学生多阅读英美国家出版的、适合学生难度的文章或材料，积累英语国家的文化风俗、交际习惯等常识，提升文化素养，夯实文化底蕴。通过这样的学习方式，学生在阅读过程中，能够结合文化背景理解上下文的关系并读懂整篇阅读材料，更准确地掌握关键信息。

（4）养成良好英语阅读习惯。在大学英语阅读课教学中，教师可以运用提示与引导等模式搭建"支架"，教会学生如何进行"略读""查读""品读"等不同的阅读方式。大学阶段的学习更多地强调学生自主学习，因此，除了课内的英语阅读材料，教师要引导学生自主查找适合自己的课外英语阅读素材，进行注意力集中训练和流畅阅读的训练，让学生改掉指读、声读、回视等不良的英语阅读习惯，同时运用所掌握的不同阅读方式进行大量英语阅读，提升阅读速度，实现量变到质变的过程。只有养成良好的英语阅读习惯，学生的英语阅读技能才能提高。

2. 英语阅读教学中支架教学模式的应用策略

支架教学模式的应用步骤一般由支架搭建、情境导入、独立探索、合作探究、效果评价五个步骤组成，因此，在大学英语阅读教学过程中，教师在应用支架教学模式时，首先，要进行支架搭建，引导学生围绕主题进行阅读学习，利用最近发展区理论构建相关的概念框架；其次，教师通过教学活动的引导，让学生进入情境之中，从而为学生的学习奠定基础；再次，教师通过提供线索，鼓励学生进行独立探索，在探索过程中让学生发现问题提出问题，并且通过教师的引导和帮助达到解决问题的目的，从而提高英语阅读学习效果；最后，教师在学生探索过后引导他们进行合作学习，在合作学习的过程中拓展自身的思维，弥补自身存在的不足，并且通过效果评价，对学生的学习效果，以及学生的自主学习能力做出评价，根据学生的不同情况提出意见，让学生更好地改正自身存在的不足。具体而言，教师可以运用以下策略实现：

（1）搭建有效的英语阅读支架。在大学英语阅读教学中应用支架教学模式，教师的角色演变成为支架的搭建者，这对教师提出了更高的要求，要求教师不仅要有效地传递知识，还要有效引导学生积极参与到英语阅读之中。要想达到这样的目的，教师首先要对班上的学生有比较充分的了解，了解其英语阅读理解能力和学习水平，分析其阅读需求和学习内容，确定明确的学习目标，从而制定出具有针对性的教学策略。在制定教学策略的过程中，教师还要考虑到学生的学习兴趣，以及爱好特点，从而使自己设计的教学策略具有趣味性和可操作性，能够让学生在已有的知识基础上向着更高层次拓展。

以英语阅读文章 *The United Kingdom* 为例，文章主要是让学生通过阅读了解英国的文化及其社会背景，培养学生的跨文化理解能力，同时通过教学活动的引导，培养学生的阅读技巧，能够抓住文章中的关键信息，并且让学生通过阅读，能够依据文本内容表达自己的观点和想法。针对这样的教学目的，教师在制定教学策略时，进行了深入研究，针对教学内容不太贴近学生生活实际的特点，教师首先为学生搭建起英国的概念框架，让学生首先对英国的文化背景和社会背景有基本的了解，在此基础上为学生设计了一系列学习任务，首先将学生分成学习小组，让学生通过小组探究的形式，总结英国有哪些独有的文化。通过这种方式构建英国的背景知识和基础知识支架，让学生能够更好地进行深入学习。

（2）创设良好的阅读情境导入。在支架搭建完毕之后，教师应当设计与学生生活息息相关的学习情境，并且在课前导入阶段提供与教学内容相关的内容用于活跃课堂气氛，促使学生将注意力第一时间集中于阅读课堂中，进而为课内阅读教学奠定良好的基础，让学生在教师的有效引导下，逐步转移到文本的阅读理解之中，在教学过程中，教师可以将阅读文本创设出真实的阅读情境，让学生进行沉浸式的阅读，并且让学生通过阅读文本内容展开想象，让学生进行思维的拓展，最终有效理解文本的知识和所包含的情感。

例如，在 *The United Kingdom* 阅读教学过程中，由于学生对英国的相关知识较为陌生，没有相关的基本知识作支撑，因此难以进入学习情境，教师在教学过程中应当抓住学生的最近发展区，在教学过程中以中国的文化为导入点，让学生通过了解中国文化，进而了解英国文化，利用这样的方式快速感染学生，并且营造出轻松愉悦的学习环境，从而激发学生了解英国相关文化的兴趣，在教学过程中，教师可以利用多媒体教学课件，为学生展示英国的标志性建筑物，以及独有的文化形象，通过这样的方式给予学生具体的印象，学生能够更加快速地进入阅读环节。

（3）鼓励学生进行独立探索。在支架教学模式引导下，学生能够通过独立思考，进而发现问题，解决问题。在阅读教学中，教师必须引导学生探究基于其自身的解决问题的方法，从而让学生有效培养自身的阅读能力，将所学知识内化，在为学生搭建了良好的学习情境之后，教师可以引导学生进行自主探索，在探索的过程中发现问题、提出问题，教师在此过程中给予学生适当的引导，引导学生根据教师给予的线索，主动探索答案。由于学生在学习和发展的过程中具有差异性，因此不同的学生学习基础不同，智力发展不同，对知识的接受能力也不同，教师在鼓励学生进行独立探索的过程中，要进行有针对性的指导，从而使每一个学生都能通过独立探索更好地获取知识，培养阅读能力。

例如，在大学英语阅读教学过程中，教师可以让学生根据阅读文本的标题，猜测文本的大致内容，这样的任务对于学生而言比容易完成，在猜测了文本的大致内容之后，教师可以引导学生快速浏览全文，罗列出阅读文本的几个要点，然后再要求学生进行分段阅读，获取每一个具体段落里的关键信息，通过这样的方式训练学生对信息的归纳和对比能力，从而培养学生的阅读技巧，最后让学生通读全文，细细品味，让学生获取细节信息，学生在这种分段阅读和整体阅读的过程中，能够对本文有更加深入的了解，又为接下来的学习任务奠定基础。

（4）引导学生进行合作学习。在大学英语阅读教学过程中，教师不仅要鼓励学生独立探索和思考，让学生形成自身的思维体系和知识框架，还要引导学生进行合作探究，在合作过程中实现思维的碰撞，以此更加完善自身的思维体系，并有效拓展自身的思维。在大学英语阅读教学过程中，合作学习也是一种重要的学习方式，在支架式教学模式下，教师在引导学生对阅读文本进行独立探索后，可以根据学生的实际情况将学生分成小组，并且为小组分配相应的讨论话题，让学生积极参与到小组讨论之中，以便加深对已经学过的知识的印象，也对自己还没有掌握的知识进行补充。教师也可以参与其中，师生合作可有效帮助学生理解文章主题，掌握文章主要细节；生生合作有助于取长补短，改变原来相互矛盾且态度纷呈的局面，从而培养师生和生生之间的良好关系。学生在共享集体讨论、协作的成果的基础上，对文章的内容有比较全面、正确的理解，即最终完成对文中知识的意义建构。

在合作学习的过程中，学生能够充分发挥自己的思维能力，对阅读文本中提出的问题进行联想，在联想的过程中有效培养自己的想象力，在讨论过程中产生思维碰撞，又启发自己的思维，从而使学生形成良好的创新能力。

（5）对学生的阅读学习效果进行及时评价和反馈。教学评价也是大学英语阅读教学过程中的重要环节，在教学过程中，教师应当对学生在阅读过程中的表现进行鼓励，并且针对学生在阅读过程中表现出的问题给予改进方法，整体性的评价包括教师的评价、学生的自我评价，以及学生和学生之间的相互评价等，通过教学评价学生能够更加清楚的认识自身存在的不足，也能更好地激发学生学习的自信心和学习的积极性，在支架式大学英语教学模式下，教师可以为学生搭建良好的评价平台，让学生在阅读学习之后，对学生遇到的问题进行及时引导，能够帮助学生树立学习自信，学生也更愿意进行阅读学习。

例如，在实际的教学过程中，教师可以让学生进行小组内的相互评价，让小组发言人提出小组内成员的共同疑问，教师再针对学生的疑问进行点拨和评价，从而实现知识的升华，更好地促进学生参与课堂的积极性。

支架式教学是最近发展区理论与教学实践的结合体。支架式教学模式作为一种重要的教学模式，在大学英语阅读教学过程中起着越来越重要的作用，通过情境设置和意义构建，鼓励学生自主探究和合作学习。"该教学模式如果能在大学英语阅读教学中正确运用，将有助于学生掌握所要学习的知识，不仅让学生在现有的认知水平上拓展自身的认知体系，更能培养学生的各项综合能力，有效提高学生的英语阅读效果。"①

二、英语阅读中的多模态教学模式

在教育事业持续发展变革的时代，教学无论是在资源抑或是在教学内容上都发生了很大的变化。教学形式也从传统形式朝着现代化的发展形势变化，同时在当前现代化教学模式和信息技术的有效融入下，学生在学习上的成绩得到了较大程度的提升，教学成绩有了明显的改善，这种方式满足了学生在教育上的具体需求。目前，在当前大学英语教学过程中，为了将学生在学习上的积极性和主动性激发到极致，高校普遍采用多模态教学形式，充分地展示学生在教学上的主体地位，并且与当前新课改的目标相契合。

（一）英语阅读中多模态教学模式的特点

第一，采用多种形式完成英语教学。多模态教学突破了传统课堂在教学上的制约，让学生可以使用多种不同的方式去完成学习，并且多模态教学与当前新课标提出的将学生作为教学根本的教学理念相契合，注重的是学生个体的学习。采取多种不同的教学形式可以让教学的成效得到提升，使用多模态教学可以让学生通过多元化的教学方式寻找到一个能够提升学习成效的方式。

第二，转变学生在课堂中的地位。在当前大学英语教学创新的基础上，比较重要的是让学生在进行学习的同时能够形成一种非常好的习惯，通过这样的方式让学生能够寻找到适合自身的学习方式，这对于未来学生自身的成长会起到较大的帮助。在当前大学英语课堂教学过程中使用多模态的教学形式，不仅可以让学生在课堂学习过程中的地位发生变化，在兴趣的引导下还能够不断地提升学生在当前课堂学习上的效率，在这样的一个过程里也可以让学生自身的思考能力得到提升。

第三，提高学生学习英语的兴趣。一种语言的学习并不是仅仅依靠于在课堂上进行的

---

① 曾淑萍. 大学英语阅读教学中支架教学模式的应用研究 [J]. 邢台学院学报，2020，35 (2)：125.

读或者写就可以完成的，其中比较重要的一点是可以为学生缔造一个良好的语言学习环境。多模态教学形式主要是使用多种不同的方式去提升学生的学习效率。最终的目的主要是为学生打造一个合理的语言环境，学生置身在这样的一个语言环境里才可以真正地提高学习英语的兴趣，在不断提升英语教学质量的同时还能够有效地推进学生自身的成长与发展。

（二）英语阅读中多模态教学模式的实施

1. 在教案设计中科学运用多模态教学

多模态教学需要一个系统化的教学形式，对于当前课堂上涉及的每一个环节的设计，教师都需要挑选适宜的模态教学方式，只有这样才能够获得一种非常理想的教学效果，这要求教师具备丰富多样的教学阅历，非常熟练地对教学所涉及的内容加以掌握，才可以在日常的教学过程中熟练地完成多模态教学方法的使用。在课堂教学过程中运用多模态教学的时间较为有限，为了可以在较短的时间中能够获得非常理想的教学效果，教师应在授课之前合理地进行教学内容的设计，在设计教案的同时还需要涉及每一部分能够使用到的多模态教学方式。

除此之外，还包含英语学习涉及的听和说、读与写等层面。在进行单词学习的过程中，教师需要侧重学生在读写上的发音，能够使用口述的形式让学生了解到准确的发音，或者选择小组交流的形式去完成对学生发音的纠正；在进行句式学习的时候，教师需要尽可能地对学生当前掌握情况给予关注，可以让学生使用这一句式去完成造句，在这一基础上让学生通过熟练地使用去完成学习记忆的深化。为了完成对学生学习情况的掌握，教师还可以使用情景教学方式去完成对学生的检验，让学生在生动有趣的教学环境中完成所学的知识复习，也可以通过这样的方式让学生自身的口语表达能力得到锻炼。

因此，如果教师想要将多模态教学熟练地使用在英语教学的课堂中，在课前进行教学之前就需要完成课前设计，课前的设计可以让教师教学更加有目的，并且也能够让学生在课堂上的行为得到提升，让学生依照教师进行设计的节奏去完成相关章节内容的学习。基于信息化时代的大学英语教学过程中，教师需要按照教学目标与教学相关内容，灵活挑选适宜的模态符号组合策略去进行相关的教学活动，推进意义建构，完成话语交际的目的。但是需要确认的是，大学英语教学里的多模态符号需要按照教学的相关内容和具体的目标以及教学手段从整体去进行考量，减少一些无意义的模态，通过这样的一种辅助性模态的设计，较大程度地引起学生在学习上的注意力，激发学生学习的兴趣与动力，强化教学效果。在科技不断革新的如今，5G、人工智能、虚拟现实以及强化现实与互联网大数据等新技术的发展都为大学英语多模态教学的设计和研究明确了发展的方向。

2. 运用多模态教学能够巩固学习成果

教师要通过不断地完成对知识深化记忆，才可以让学生在学习知识的时候能够记得更加牢固。对于当前大学英语课程的教学而言，在课堂学习的知识假如无法及时在课后进行复习，那么学习的效率则会有一定程度的降低。在以往教学过程中，针对英语知识进行的复习通常只是依赖于读背的方式去完成，其本身无法起到一种非常理想的复习效果，并且无意义的记忆保存时间并不是十分持久，教师需要使用多模态教学的方式将一些没有意义的知识转变为更加具有意义的记忆。

联想法主要是将原本较为枯燥的知识与一些具有意义的事物联系在一起，其可以快速地突破学生在进行英语学习上的恐惧，使得学生能够非常熟练地完成英语这一课程知识的掌握。教师可以让学生使用联想的方式深化英语单词读音上的记忆，并且在对记忆进行提取的时候也能够快速地完成记忆，这样的一种教学方式能够让学生学习到的知识得到巩固从而获得一个良好的学习。联想法在执行的同时可以将学生在课堂上学习的兴趣充分地调动起来，并且也可以让学生在单词记忆上更加深入。使用多模态教学的方式可以让学生快速地处理英语学习过程中出现的问题，使传统的教学形式产生改变，这种教学方式可以非常高效地帮助学生熟练地完成英语课程的掌握。

3. 运用多模态教学能够提升学生学习能力

针对部分学生而言，学习英语的难度相对较大，英语和汉语学习之间也存在较大不同，因此不可以使用中国人固有的思维去完成英语学习。如果想要学习好英语一定要改变原本的思维，这样在很大程度上才可以真正提升学生进行英语学习的能力。为了让学生能够更好地完成英语的学习，能够使用多模态教学的方式，为学习提供一个更好学习英语的教学平台。在以往课堂教学过程中，教师经常注重的是学生在英语学习中的读与写，针对英语学习中的听和说却很少顾及，这样的一种情况就出现了很多学生在张口说英语上存在难度，在进行英文短文阅读上经常会暴露出自身的短板，因此在英语教学的课堂中使用多模态的教学方式运用全英式教学方式，能够让学生在口语表达与英语听力上的能力得到提升。学生遇到一些难于理解的问题则可以对教师进行提问，通过持续的练习，可以让学生自身的英语听力能力得到提升。教师在课堂上还需要鼓励学生使用英语去回答问题，学生在使用英语回答相关问题的同时，是针对学习知识进行的内部消化过程，学生在自身的表达能力获得锻炼的过程中，能够建立属于自己的知识体系。

使用多模态教学帮助学生通过多种不同的途径去完成对英语知识的学习和掌握，对学生的英语学习方式可以起到一种积极的推动作用，并且也可以让英语成绩得到全面提升，对学生日后可以熟练地使用英语有着非常积极的促进作用。因此，在大学英语教学课堂过程中使用多模态的教学方式，能够让学生从多种不同的途径去掌握英语，并且在进行学习的同时让学生自身的能力获得持续提高，让学生在课堂教学过程中学习到更多有用的知识。

第四节　英语阅读中的分级与个性化教学模式

一、英语阅读中的分级教学模式

（一）分级教学模式的相关理论

1. 迁移理论

迁移在心理学上是指旧知识、技能影响新知识学习的一种过程。按照产生的结果是积极还是消极，迁移可区分为正迁移和负迁移，正迁移是积极的，负迁移是消极的。语言迁移是指一种语言对另一种语言的学习所产生的影响。语言迁移是一个认知心理过程，受诸多因素影响。语言迁移分为两种：第一，母语对第二语言习得的影响，为"基础迁移"；第二，母语向第二语言的借用，为"借用迁移"。大学生使用母语的时间太长以至于形成了根深蒂固的母语习惯，在一定程度上会影响第二语言的学习。语言迁移在多数时候研究的都是母语对外语学习或第二语言习得的影响，这时候的语言迁移一般指的是母语迁移。在第二语言习得过程中，与母语接近的地方较容易学习，与母语有区别的地方较难学习。当外语和母语的相似度比较大时，就容易引起正迁移。通过对比分析跨语言的差异，人们就可以确定第二语言习得的困难。第二语言习得的困难不总是源于跨语言差异，而且母语在第二语言习得中的作用重新受到重视。

2. 监察理论

监察理论是二语习得研究中最全面的理论，人的大脑有两个独立的语言系统，分别是有意识的监察系统和潜意识的系统，这个理论具有以下五方面假说：

（1）习得—学习假说。习得—学习假说是这五种假说里面最基本的假说，它的核心在于对"习得"和"学得"的区分，以及对它们第二语言能力形成过程中所起的作用的认识。

（2）监控假说。监控假说认为，人的大脑中有两个独立的语言系统：有意识的监控系统和潜意识的监控系统。监控系统是一种"意识到的语法"。在语言学习过程中，监控系统一旦发生作用，就会具有编辑控制的功能，它使语言使用者更加关注语言形式的运用而不是语言内容的表达。这一理论体现在语言习得与语言学得的内在关系上。

（3）输入假说。输入假说是二语习得理论的核心内容，可理解的语言输入是语言习得的必要条件，输入材料本身和输入的方式会影响情感过滤的结果和输出的质量，在第二语言学习的过程中，需要让学生理解输入语言超过其现有的语言水平，语言习得才可能发生。学生通过情境提示的帮助而去理解这些语言，产生语言的能力会自然形成，并不需要教师的传授。

（4）情感过滤假说。大量适合输入的环境并不能保证学生可以学好目的语，情感因素也会对第二语言习得的进程产生诸多影响。通过情感过滤，语言输入才有可能变成语言"吸入"。在语言进入到大脑的语言习得器官的过程中，输入的语言信息必须经过过滤这一道关卡。因此，情感因素在第二语言习得的过程中可以有着积极或消极的影响，起到促进或阻碍的作用。

（5）自然顺序假说。根据自然顺序假说的基本观点，学生遵循一定顺序习得语言结构知识，并且该顺序可以被预测。部分学生对于某些语法结构掌握得较早，而对其他的语法结构则会掌握得较晚。不是每一个学生都有完全相同的习得顺序，然而这种顺序可能具有某些类似的地方。当学生和成人同时学习第二语言时，他们都是先了解现在时再学习过去时，先掌握名词复数再掌握名词所有格。如果将习得某种语言能力作为学习目标，教学大纲不一定要受这种顺序的制约。自然顺序假说重新明确了第一语言和第二语言学习的关系，一般情况下，第一语言通常被认为是学习第二语言的一大障碍，事实上并非如此。第二语言和第一语言可能有许多相同的规律，其语法顺序并不总是受第一语言干扰。中文和英文在语言功能上是相同的，在某些语言表达方式上也有共同之处。在课堂上教师有时需要借助母语以便使学生更快且准确地理解英语，但不是把语法结构进行简单排序。

（二）分级教学模式的实践路径

1. 科学合理分级

级别设置的科学性是分级教学能否实现教学效果的前提和关键。在实施分级时，教师要遵循个人意愿与统一考核分级相结合、实际水平与考试结果相结合的原则，需要有科学的分级试题和分级标准。就学生的基础能力和发展潜力而言，可以将学生分为三个级别，即初级、中级、高级，具体要求包括三个方面：第一，初级班学生的语音和语法等基础知识都不太扎实，教学时应放慢进度，强化学生对基础知识的掌握；第二，中级班学生的英语水平一般，但往往对英语听说感到畏惧，处于这个级别的学生数量最多，可以按照正常进度教学；第三，高级班学生的英语水平普遍较高，具备一定的听说和读写技能，但是听说能力还需要加强。

2. 提升区分度

在分级考试中，部分学生可能因为一分之差没有进入高级班，这种分级考试的界限就显得不客观、不灵活。为了提高区分度，教师可以让学生自己参与分级，实行双向选择。学生最清楚自己的英语水平和学习兴趣，他们由被动选班变为自主择级，必然能增强学习英语的积极性和自觉性。具体方法依然是参考高考和摸底测试的成绩，同时公布各个级别的不同起点、听说读写各方面的学习要求和最终目标，学生可以根据自己的学习兴趣申请对应级别，由学校最终审定。

3. 明确升降机制

分级教学要采用灵活的升降调整机制，它是指通过考核和征求意见的手段在一定范围内定期调整学生的级别，使学生所受的教育和当前的状态相匹配。对于进步的学生安排升级，不仅可以提高学生的积极性，还能为其他学生树立榜样；对于退步的学生要安排降档，可以刺激退步的学生重新调整学习策略，以便取得更大的进步。教师也可以只在初级班和中级班之间实施升降机制，初级班和中级班统一教材，统一进度，定好升降级的比例或者名额，一定周期进行一次微调，这样不仅能够做到不同级别之间的良好衔接，而且科学合理。

4. 改进评价机制

在分级考试中，各级别的学生一般采用不同难度的试卷，这就可能会出现一个问题：高级班学生的英语成绩低于部分中级班或初级班学生。为了有效解决这一问题，教师需要完善分级教学的评价机制，可以尝试增加平时表现在总评成绩中的比重，注重过程性评价，利用形成性评价与总结性评价相结合的方式来确定最终成绩。此外，教师还可以根据各级别试卷的难度引入加权算法，设定一个科学的系数，整体调整高级班或者初级班学生的分数。

二、英语阅读中的个性化教学模式

(一) 民主教学

1. 民主教学的主要原理

民主教学是集知识的掌握、创造性的培养和德行的养成于一体的一种综合的教学模式。教育是生活的过程，而学校是社会生活的一种形式。教育上许多方面的失败，是由于它忽视了把学校作为社会生活的一种形式这个基本原则。学生被当作灌输的对象而在严格的控制和服从下接受知识，教学显得非常有序但缺乏自由。民主教学就是以民主原则创设自由有序的教学情境。这种情境是简化的民主社会的生活情境。民主教学把学生视为教学的主体，通过鼓励学生积极参与教学生活，在动态的课程生成的过程中，让学生学会如何民主地生活。民主教学是教育学生学会民主生活，培养民主社会之未来公民的一种最为有效的方式，让教育的民主化从真正的民主行动开始，让尽可能多的人民帮助重建创造教育。

2. 民主教学的具体原则

民主教学旨在通过最大限度地唤起学生本能中的学习驱动力，使学生积极主动地参与学习，不采用惩罚、竞争、强制等外在力量来控制学生学习。民主社会或民主教学的"民主"，只是社会生活的一种规范、一种手段，而不是目的。民主是个人自由的重要保障，而自由又孕育勇气和勤奋，民主教学更能产生自由。没有强制的教学情境的自由状态对学生个人潜力的发挥是最有助益的，这种助益在于每一个学生都有机会参与活动、参与生活，在与外界交互作用的过程中，在积极主动的探索中渐渐地向教育所期望的方向发展。民主气氛所营造的作用状态并不是学习的放任自流，人类的任何社会生活都存在一定的制约力，即生活规则，学习过程也存在一定的制约规范，它要求学生在遵守教学规则的过程中学会共同管理和自我管理。根据人类行为的自然后果的逻辑，民主教学界定了其活动的三个基本教学规则：第一，不做任何有危险的或有害的事情；第二，始终处于一种安全的管理状态或日常规范中；第三，一旦教师发出危险信号，学生立即离开教室或学习场所。

3. 民主教学的课程板块

民主教学的课程是一种简化的社会生活情境。民主教学的课程可以分为下述三个板块：

（1）学术性课程。在民主教学中，学术性课程占用学习时间的较多，以更为广泛、综合的方式呈现。学术性课程主要形成学生的知识素养，实现学生从无知向有知的转化，以学科的逻辑进行划分和实施，但强调课程的广域性和综合性，这是为了使学生对知识有更为整体的把握。

（2）创造性课程。创造性课程以主题为单元，涉及自然环境、人际关系和人类理解、雕刻绘画、艺术欣赏、计算机信息技术、历史地理、烹调、服装设计、舞蹈等广泛的创造性学习活动，要求学生积极主动地学习和发现，突出创造性探索与时代问题的紧密关系，以此培养学生解决实际问题的能力。

（3）活动课程。活动课程以活动为单元，强调活动中学生自我个性的发挥和集体合作精神的培养，致力于学生社会化的过程，包括生活技能的培训、人际关系、健康维护、家庭活动、体育锻炼、游戏与娱乐、联谊活动、课外活动等。

（二）情意教学

1. 情意教学的主要原理

情意教学是德行本位的教育。全人格的教育必须实现人的从智慧到德行的转化，情意教学就是实现这种转化的中间环节。如果说实现转识成智的目的是使每一个人具有最大限度的创造性，那么，实现化智为德则是对这种创造性进行价值判断。一个人有能力创造出这种或那种产品，并不意味着产品就符合、满足人们的需要。要使一种产品满足人们的需要，就必须使人们觉得它可用、可爱。但是，这种评价要运用人类的理智和理性对此进行约束。个人的价值具有两重性：一方面由于其增进人类利益的目的而有功利性，因而具有工具的意义；另一方面，它是人的本质力量的显现，人在其中能获得精神的满足，因而具有内在价值。人是通过与环境的交互作用，本质力量的对象化，促使能力、德行发展起来。精神主体所具有的知、意、情等力量，是在其固有的自然禀赋的基础上，主要通过教育和实践培养锻炼出来的。人类的进步和自由，不仅仅是物质的繁荣，更表现为人类在精神方面的本质力量（知、意、情等）的不断发展和完善。情意教学就是为了最充分地发展人的本质力量，它是培养具有自由德行的主体的"全人格"教育的重要环节。

2. 情意教学的具体原则

（1）在直接经验中获得了解。人必须对人类的各种动机、期望和人生的苦痛有直接的了解，才能与别人和社会建立合适的关系。因此，情意教学要为学生提供接触社会、接触世界的机会，通过获取直接经验来明白是非。

（2）在感受中得到体验。感受性是人的德行之端，是人的情绪情感提升的起点，是引发价值的出发点。

（3）在文化理解中得到涵养。人类要学会"共同生活"，就要了解彼此的文化，实现人类的相互理解和共同生活。

（4）在艺术欣赏中得到熏陶。个体通过感觉、知觉、领悟而达到对艺术作品的欣赏，在欣赏过程中潜移默化地把艺术作品中充满感情的生动形象的理想，内化成为自我的、现实的美感和内在的精神素养。

（5）在社会实践中达到升华。人生的过程是不断实践的过程，要实现理想与现实的统一，桥梁是劳动或感性实践。在实践中，人可能会迷失方向、犯错误，会陷入自私、傲慢、作假、享乐等异化状态，而将实践与教育相结合是克服这种异化的有效途径。

（三）掌握教学

掌握学习就是要求教师既能帮助"慢生"又能帮助"快生"很好地学习，使他们获得各方面的发展。掌握学习是一套有效的个别化教学实践，采用个别的、小组与集体相结合的形式进行，由教师与学生共同掌握教学的进度。

1. 掌握教学的主要原理

学生要认识世界和认识自己，就必须借助他人积累的知识。个人对于诸多有助于实现其目标的力量往往处于必然的无知状态，这种状况就要求教育必须借助人类文明中所积累的知识，实现学生"从无知向有知"的转化。在知识同化的过程中，学生利用其自身原有的观念吸收、消化新的知识，使新知识成为自身原有知识的一部分，使原有的知识观念得到发展。尽管学生不断获得和掌握知识，并为此感到自豪，但是学生知识的增长并不意味着学生无知的范围在逐渐缩小，因为伴随知识的增长，学生的认识范围也在不断扩大。由于人们关于世界和自己的知识的增长会恒久地展现新的无知领域，所以依据这种知识而建构起来的文明也会日益复杂，而这就对学生在知识上理解和领悟周围世界造成新的障碍。知识的分工特性会扩大个人的必然无知范围，也使个人对这种知识中的大部分知识必然处于无知的状态。掌握教学旨在使学生获得和掌握知识，但掌握知识不是教育的最终目标，掌握知识的目的是提高自我的自觉性。

2. 影响学习的变量因素

（1）先决认知行为。先决认知行为是指学生掌握了多少基础知识，以及学生的能力倾向等，它是学习的前提。先决认知行为在学生的学习中起较大的作用，缺乏这种前提特征的教学就没有支撑点。对于每个学生而言，其先决认知行为总是在不断积累的。教师在进行教学活动时，首先就是要在进行知识的教学之前，先了解学生原有的知识水平，然后才能提供适应学生学习的学习任务。教师在诊断学生的先决认知行为时，主要包含以下方面的情况：

第一，在连续的学习任务中，对学生的先决认知行为的诊断相对容易。因为在按顺序排列的连续的学习任务中，每个学习任务中都包含了以后的学习任务所需的先决认知行为。

第二，在一门课程的学习开始时，对先决认知行为的诊断有些困难。因为教材的编写更多的是考虑知识的逻辑顺序，而很少考虑学生的心理逻辑。

第三，学生的已有知识并不可能都成为其后继学习的先决认知行为。除了极少数智力迟钝者，绝大多数学生在有准备的情况下都能够完成学习任务。一项学习任务一般又可以分解为多个小的学习单位，从知识的逻辑关系与学生的学习心理出发，小的学习单位是按照先后次序安排的，前一个学习单位是后一个学习单位的必要学习。

（2）先决情感特点。先决情感特点指的是学生对所学课程所持的情意、态度、兴趣、信心等非智力因素的总和，不同的学生对其所学习的科目有不同的态度与偏好，同一个学生对不同的学习科目也有不同的态度与兴趣，这种先决情感特点对于学生的学习成绩有着决定性的影响。先决情感特点在学生的学习中起一定的影响力，那些带着兴趣与热情去学习的学生，其学习效果自然比那些对学习毫无兴趣的学生的学习效果更好。而这种情感组合的影响力既与学生以前的经历相关，又与他对某一学科的先前学习有关。只要在教学过程中使学生始终感到自己有学习的能力，能够体验到学习的成就感，那么他就具有后继学习的情感基础。

（3）教学质量。教学质量是指对学习任务各要素的表达、解释和顺序安排是否适合学生的学习程度，教学质量对学生的影响力主要取决于教师的素质。一个高素质的教师往往在学科知识、教学技能和教学态度方面具有自己的独特性。一个有经验的教师对学生所学的知识只给一些提示，保证学生积极地专心于学习过程，并给予适当的强化，提高教学质量可以克服学生先决认知行为上的不足。此外，运用反馈与矫正的方法，可以克服学生在学习过程中的消极情绪。对于那些学习能力较弱的学生而言，教师的教学态度尤为重要。

3. 掌握教学的基本步骤

掌握教学模式是围绕单元教学展开的。在教学之初，教师应对学生的先决认知行为、先决情感特点进行诊断，施以与学生特点相一致的学习单元；当学生掌握了学习单元的任务后，教师可以根据学生的学习情况设计新的学习单元；当学生未达到教学要求时，教师须通过补救或矫正的方式，使学生达到掌握学习的目的，使掌握教学形成一个依次递进的单元教学系列。根据掌握教学过程的特征，便可以对掌握教学进行设计，其中主要是考虑教学的基本步骤：

（1）确定教学目标。清晰而确切的教学目标是掌握学习的前提，也是后继评价的标准。教育目标分为认知领域、情感领域和动作技能领域。首先，认知领域的教育目标由低级到高级共分为六级：知识、领会、运用、分析、综合和评价；其次，情感领域的教育目标由低级到高级分为五级：接受（注意）、反应、价值化、组织、价值与价值体系的性格化；最后，动作技能领域的教育目标分为七级：知觉、定向、有指导的反应、机械动作、复杂的外显反应、适应和创新。教师应该根据教育目标分类学的规定，将每一学科的教学目标具体化。

（2）组织单元教学。教师应根据具体的学科教学目标，确定每一单元教学的具体行为目标。单元的划分应依据教学内容而定，一般按章节划分，也可按教学时间划分，一般是两周为一个单元教学时间。

（3）实施教学。为了使每个学生达到掌握学习，教师必须实行个性化教学。通过对学生的先决认知条件、先决情感特点的诊断，提供必要的准备知识，并帮助学生树立学习信心，激发学习动机，使学生积极主动地学习并如此持续整个学习过程。

（4）组织补救教学。根据形成性评价的结果，凡是对测验掌握了大部分内容的学生就可以进入下一个单元的学习，而对那些未达到要求的学生，必须进行补救教学。通常一个单元教学必须给予一个课时的补偿学习。矫正学习不是简单地重复教学内容，可采用多种方法进行，要尽可能根据学生的特点进行补救教学。

（5）设计形成性评价。形成性评价，即只反映学生自己在学习过程中的进步状况，而不是把测验结果与其他学生进行比较。测验的题目编制是与教学目标、教学单元相配套的，目的是及时诊断学生在本单元学习中的掌握情况，这个诊断需要在学习内容的广度与深度上都能反映目标。

（6）设计充实性教学活动。对于那些达标的学生，给予充实性教学活动，通过更为广泛的与学生特点相一致的充实性学习，使学生得到更全面的发展。

（7）发展总结性评价。在一个学期或学年结束时，必须就每门学科的学习进行总结性评价。一般而言，一个学生参加考试后，教师所评定的分数是总结性的，这种总结性考试的成绩被用来评定学生对学习内容掌握的程度和达到课程目标的程度。

（四）策略教学

1. 策略教学的主要内容

策略教学是指以系统培养学生的学习策略为核心的教学模式。这种模式通过学生学会学习而达到自己独立自主学习的效果。策略教学可以概括为"SQ3R"学习策略，主要包含以下方面：第一，Survey——通过看标题来了解内容的主旨；第二，Question——提出疑问，启迪思维；第三，Read——在阅读中寻找答案；第四，Recall——回忆主旨与要义；第五，Review——复习教材，巩固学习。学校教育应更关注培养学生的学习能力，使学生可以在以后离开学校的生活中，依靠在学校中掌握的学习策略以及学习能力等自主学习，策略教学就是基于这种社会背景的学校教学的重心转移。

2. 策略教学的具体原则

策略教学的主旨就是有助于学生自主学习、信息加工与处理、问题解决。策略教学的原则包含以下几个方面：

（1）学习是一种分析学习任务和为特定情境设计恰当策略的问题解决的形式。

（2）学习策略是指个人用来成就教学目标的计划，而教学计划都具有学生自己的个人风格。

（3）为有效学习，学习策略要求有具体的学习技能或技巧，如浏览、篇章结构的修正、记忆术等。

（4）在大多数学习情境中，学习策略一般侧重于为创造性学习目标而非为知识性目标服务。

（五）创造思考教学

1. 创造思考教学的主要原理

创造思考教学以培养学生的创造力，养成学生的创造精神，形成学生独立思考的行为习惯为基本目标。创造思考教学的使命就是化知识为智慧，从教育的立场而言，智慧是人类的一种综合素质，包括智力、思考力、创造力以及相应的创造精神品质等要素，其中，创造力是个体解决问题能力的最高表现，同样也是人类及个体智慧的最高表现。随着学习化社会的到来，知识的创造成为社会的中心，创造性的培养也成为世界各国教育教学关注的重心，这就要求教师更新教育教学观念，实施与发展人的创造性相一致的教育教学，使学生在掌握知识的基础上，成为具有创造性的人。

2. 创造思考教学的具体原则

（1）结合学科特点。真正有效的方法是基于学科教学进行创造性的培养，结合学科教学进行创造性的培养又可分为两种方式：第一，分科式，即在分科教学过程中，根据不同学科的特点培养学生在该学科领域的创造性；第二，综合式，即打破学科界限，通过不同学科的有机结合进行创造性的培养。

（2）尊重个性。创造性的特质之一是原创性或独创性（onginality）。因此，开发与培养个体的个性非常重要。在创造思考教学中，应该做到以下几个方面：

第一，尊重学生的个别差异。不同的学生有不同的爱好、想法，不能以一致的标准和答案强求学生，应依据学生的个别差异作灵活的要求，在其独特的潜能领域进行深入的指导。

第二，鼓励学生表达不同的意见和想法。教师首先必须肯定学生敢于表达不同意见和想法的精神，并且引导学生充分表现自己的独特见解，激活学生的思维。

第三，营造师生互尊、学生互爱的宽松自由的创造性氛围。在教学中，鼓励学生参与、共同讨论、争辩，形成良好的独立思考、自由表达的教学氛围。

第四，宽容学生的错误与失败。科学技术的发明和发现是在不断尝试错误的过程中进行的。面对学生的错误与失败，教师应有一颗宽容之心，在肯定其创造性精神的基础上，引导学生认识错误及失败的原因，并鼓励学生继续探索。

（3）在实践中学。培养创造性必须与社会实际生活相联系，教育也必须最大限度地为学生提供发挥其创造性的机会和动因。在教育中，教师可以采用多样化的方式使学生的学习与运用结合起来，以利于学生创造性的培养。例如，鼓励学生发表自己的习作，并为学生提供在报刊发表的机会；鼓励学生根据社会的实际问题进行创造性的探索，寻求解决的方案；鼓励学生参与企业的实践，在实践中培养解决实际问题的能力。转识成智的关键就是在观察、实验、劳作中运用所学的关于世界万物的理论、观点，将其还治于自然万物。

3. 创造思考教学的重要步骤

（1）思考。学与思是相互依存、相互转化、辩证统一的，要实现认识过程的转识成智，就必须实现主观与客观的统一。因此，教师在创造思考教学中激发学生的思考和想象，就是要激活学生长时记忆中与问题相关联的观念，使其进入工作记忆之中，使学生处于思维状态。

（2）提问。要使学生的学习成为有意义的学习，成为学生主动建构知识的过程，就需要教师在学中问，解决问题与创造活动的第一步就是产生疑问。因此，教师在创造思考教学中，必须为问题而教，为使学生能够解决问题而提出问题。第一，教师依据学生的经验、知识背景及需求，将所要教的知识设计成问题，由简单到复杂、由易到难，通过层层发问，一步一步地深入问题的关键处；第二，创设问题情境，激发学生对问题的兴趣；第三，培养学生自问的意识和能力。

（3）劳作。创造活动必须通过具体的行为表现出来，创造性的培养也必须借助各种形式的劳作，在实践中寻求答案。教师的工作重心是创设劳作的机会、活动的情节、行动的情境，具体包含以下方面：第一，充分利用校外的劳作场所，使学生有机会接触社会实践；第二，在学校中创设多样化活动的情境，使学生可以在实验、制作、具体行为中探索问题；第三，创造适于学生探究的宽松的教学气氛，使学生可以充分发挥其创造的潜能；第四，鼓励每个学生积极主动地投入活动与劳作，并注意学生的个别差异；第五，创设学生小组和集体合作进行创造活动的教学环境。

（4）评价。评价不是为了确定学生创造性水平的高低，而是为了鼓励学生继续探索问题，解决问题，使学生在探究问题的过程中提高自己的创造性。基于这样的精神，教师在评价中应遵循暂缓批评的原则，即对学生在探究过程中、在创造性学习过程中出现的错误与失败，暂时不予批评，在充分肯定学生成绩的基础上，分析学生出现的错误，使学生能发现自己的问题，并及时修正错误。

第五节　英语阅读中的线上线下混合式教学模式

随着我国科技不断地飞速发展，互联网技术使得生活变得更加便捷。互联网让教育行业随之迅猛前进，信息技术变化之快超乎了人们的想象，传统课堂的学习模式逐渐开始被线上线下混合式教学模式的学习替代。通过计算机、平板电脑、智能电视等电子科技设备的使用，让学生坐在课堂上就能接受混合式教学模式的教学。教师利用各类设备和线上教材等资料来安排自己的教学进度，对不同的学生安排不同的任务，这种模式更受学生的欢迎，从而让学生完全主动学习，实现大学生英语阅读学习的飞跃。

一、英语阅读中线上线下混合式教学模式的认知

线上线下混合式教学模式在如今的教育中已经是被大众熟悉的方式。具体而言，线上教育就是利用互联网电子设备实现一对一或一对多的体验式教学与交流互动；线下教育往往指的是在传统学校或教育机构里，真实存在的教师一对多的教育活动。不论线上和线下教育都有各自特点和优势，都不能忽视其作用。传统的课堂教学就是教师在教室进行讲课，对一些学习知识提问，在课堂结束后给学生布置作业，这种较为枯燥的教学模式对大学生而言的吸引力较小，但线下教学模式也是必需的，尤其是大学英语阅读教学，是需要教师和学生进行面对面的交流来了解学生的学习情况，这与线上学生的反馈是有明显的不同的。线下教学也有一定的真实性及学习氛围，让学生学会与人相处，树立正确的人生观和价值观。线上教育能够打破传统教育模式的局限性，课程的场景也更加多样化，学生不会因为天气、距离、场地等特殊原因影响学生的学习进度。线上教育最重要的是解决自身问题的反馈，通过线上方式对教师提问，学生能清楚自己学习中的问题，真正学好学习科目。但线上教育并不是全是优点，线上真正有经验的教师比较少，线上上课的体验感有待提升，这是目前线上教育面临的最主要的问题。

线上线下混合式教学模式是未来大学英语教学模式的新特征。大学英语的线上教学是教师教学的必要组成部分，不能只是教学的辅助；线下的教学模式是在线上的基础上针对学生实际情况，选用更适合学生的教学模式。线上+线下混合式教学模式可以充分发挥这两种教学模式的特点，使其发挥最好的作用。线上和线下的大学英语教学模式让学生可以随时随地学习，教师也不局限在学校进行教学，能够优化学生学习英语的过程。

二、英语阅读中线上线下混合式教学模式的实践

（一）制订切实可行的实施方案

线上教学的特点是不受空间的限制，教师可以根据情况来合理安排时间来调整课程进度，但不足是教师和学生之间缺乏沟通交流。英语的学习特点就是要尽可能多说多练，没有线下课堂的辅助完全启用线上课堂的模式也是不可取的。"学校和教师要建立好线上与线下相结合的教学模式的具体细节，对学生的监督与学生的自我监督也要做好结合，要让学生提高自我管控能力。"① 大学英语阅读教学不能缺少线下课堂，因为英语是交流课程，缺少交流的英语学习难以得到有效快速的提升，线下的阅读课堂教学对于英语教学同样有必要。线下的英语教师临场感较强，利于教师和学生面对面进行交流，线下的课堂教学模式是对线上教学模式的一种辅助。因此，学校和教师要合理建立好线上与线下教学的时间组合和架构，不仅要有线上课堂阅读的时间，也要有线下课堂阅读的时间，科学合理地安排，充分听取学生的合理要求和建议，让线上线下混合式教学模式在大学英语教学中得以最完美体现，充分发挥效用。

（二）以学生为中心的教学

以学生为中心的教学并不是让学生随心所欲地学，主要是让学生完全掌握学习的主动权。教师激发学生对英语的学习兴趣并优化教学的流程，帮助学生发现问题、解决问题；要让学生自己确立学习的主动性，教师要让学生自我思考，思考自己的学习模式，建立自己的英语学习方向和学业规划。在线上教学的时候，教师可以利用好互联网各种线上的教学平台，利用好平台的资源与交流分享等功能与学生进行一对一的交流，不论学生出现任何的学习问题，教师都要做好耐心解答。总而言之，以学生为中心进行课程设定，要让学生自主地学习，以达到学习英语的目标。

---

① 何彬. 线上线下相结合的大学英语混合式教学模式探究 [J]. 英语广场，2022 (6)：102.

（三）构建良好的英语公共资源

在线上英语教学的过程中，教师要对教学资源进行体系化管理，这对新时代的大学英语教师提出更高的要求。教师要学会利用互联网制作具有自身教学风格特点的教学资源库，供学生在线点播观看和学习。教师在教学课程的设计上要多样化，要有不同模式的教学设计，不仅要做好英语的资源共享和在线交流，更重要的是在这个过程同时要给学生设定好具体的问题和学习任务，以督促学生把控学习的进度。例如，教师将每节英语教学的重点内容设计成一整套的项目方案和教学资料，通过互联网平台推送给学生并结合提出的问题进行学习。

（四）运用互联网建立师生合作

教师可以通过互联网教学平台根据学生的学习能力建立不同层次的学习小组，小组通过建立讨论群进行交流讨论、学习写作，完成学习任务后直接进行上传并分享，也可以选派代表进行交流展示和自我评价，这种体验的评价模式不论是积极的评价还是提出相关修改建议都更直接有效，这对于大学生英语学习有非常好的积极推动作用。例如，教师在讲解一些生僻的词汇、关于生活的热门词汇和热门话题时，学生可以进行及时讨论，或探究一些英文热门经典电影或剧本进行词汇和语句练习，能更好地加强学生之间的交流合作。

在社会高速发展的信息化时代，大学英语的教学模式需要更加多元，教师需要优化不同教学模式的组合，更科学地根据时空等因素选择适合学生的教学方法，将线上线下混合式教学模式用于大学英语的课堂教学，适应当下大学生的学习模式。教师和学生利用互联网信息技术和手段，提升学生学习英语的兴趣，让兴趣来帮助他们更好地学习英语。利用一定量的线下课堂模式能够让教师和学生保持一种状态，实现教师和学生"共赢"的局面；教师减少线下课堂的时长，也减少了相对模式化的课堂教学。线上线下混合式教学模式更加注重培养学生自主学习英语的综合能力，让大学生更好地把英语和互联网运用结合到实际的生活中，让英语不再只是大学生英语考试的科目，而真正成为实际技能和能力的体现。

第五章 现代英语阅读教学策略及其应用探究

第一节 英语阅读教学策略及其意识培养

一、英语阅读教学策略

随着现代教育理念的深化，加强学生英语阅读训练具有重要意义，首先，英语阅读教学是激发学习兴趣的主要手段，有利于强化英语知识结构的整合；其次，英语阅读教学是英语实践运用的重要形式，有利于提升学生的综合能力素质；最后，英语阅读是获取英语知识信息的重要途径，有利于拓展英语应用空间和实践。英语阅读教学策略主要从以下几个方面着手：

第一，优化教学方法，激发学生的主动阅读兴趣。心理学认为，学习兴趣是一种有意向性的心理活动，阅读教学应激发学生兴趣。在英语阅读教学中采用灵活多样的教学手段，激发学生的阅读积极性，是保障学生自主阅读的有效措施。教师阅读教学时，一定要重视学生的参与和互动，教学活动要灵活，以此调动学生学习的积极性。

第二，加强阅读方法指导，培养学生良好的阅读习惯。英语阅读是学生英语知识综合实力的表现途径，是学生语言技能素质的实践过程，教师要对学生进行阅读方法指导，开展有效的英语阅读交流活动，以提升学生的知识结构。教师可引导学生从文章标题、首句入手快速阅读快全文，理清文章脉络。

第三，拓展阅读交流平台，开展高效的英语阅读活动。丰富的阅读活动形式对学生的阅读效果有直接的影响，为此，在教学中教师要丰富学生的阅读形式，灵活掌握，综合应用，促使学生养成良好的阅读习惯。

第四，整合课程资源，发挥课外英语阅读的功能。课堂阅读教学为学生提供了语言交流的机会，课外阅读是英语阅读教学的延伸。英语阅读教学要让学生尽可能从不同渠道，以多种形式来接触学习，亲身感受和直接体验英语并运用英语。

　　总而言之，现代英语阅读是英语语言知识灵活运用与交流的综合性实践活动，科学正确的教学方法有利于学生提高阅读技能，拓宽英语语言交流的渠道。新形势下，英语阅读教学要立足于实际需要，整合教学资源，探索英语阅读指导方法，开展生动有趣的阅读活动，培养学生良好的阅读习惯，提高学生英语语言的应用能力。

二、英语阅读教学中的意识培养

（一）英语阅读教学中跨文化意识的培养

　　文化是人类在社会历史发展过程中所创造的物质和精神财富的总和。文化通常被划分为三个层面：第一层是指由人主观加工改造的物质文化；第二层包括经济制度、文艺作品、行为习惯、人际关系等；第三层是心理层面的观念文化，包括人的价值观、思维观念、审美方式、道德情操等。

　　"文化参与英语阅读教学是指在阅读教学过程中，利用语篇分析理论和文化与语言的关系理论介绍相关国家的文化背景、生活风俗及思维方式，使学生逐渐在目的语国家的文化背景下，理解和体味作者的写作意图和真正目的。"[①] 让文化参与到英语阅读教学中，要求教师在讲授语音、语法、词汇等基础语言知识的同时注重对语言使用过程中思维模式、价值观念等语言行为规范和特定的言语习惯等文化规则的讲解，提高学生的英语运用能力和跨文化交际能力，形成一定的文化意识及世界意识，目的是培养具有跨文化思想的人。

　　跨文化意识即"不同民族、受不同文化影响的个人或团体之间的交流、交往。"简而言之就是指不同文化背景的人在交际过程中所具有的特定思维，或者说是民族文化思维，这种思维能够保证交际者准确交流。胡文仲提出英语学习中应该涉及文化因素。换言之，英语学习离不开跨文化意识的教育。英语阅读教育主要包括三个方面，即语言知识、跨文化知识和文章体裁的知识。

　　由此可见，阅读理解的准确程度与对阅读的文化背景信息的掌握程度成正比。阅读教学在整个英语教学中占有重要地位，是学生了解和习得外国语国家概况和风俗习惯及相关文化的重要途径之一，所以教师不仅仅要培养学生的理解能力和判断能力，更要对阅读教学的深层内涵进行挖掘，特别是要在阅读教学过程中进行文化知识的渗透和培养，激发他们对英语学习的兴趣，让学生树立正确的情感、态度、价值观，使文化真正参与到语言的

---

　　①　王丹. 英语阅读教学理论与实践［M］. 北京：知识产权出版社，2018：114.

教学中。

另外，可以让文化参与到英语阅读教学中，使学生更了解目的语国家的文化背景知识、科技信息及礼仪规范，可以开阔学生的视野，拥有相应的跨文化知识，有助于语言的传递信息，有助于更加顺畅、得体地与人交流，有助于听说读写这四种技能的全面提高和发展。

（二）英语阅读教学中学生文化意识的培养

文化意识是教学中教师应重视的培养内容，通过对学生进行引导，使其具备相应的文化意识，能够对中国传统文化有一定的了解，同时能够对其他国家的文化有所认识。英语教学涉及了较多的西方文化，教师应在教学过程中通过阅读使学生理解不同国家的文化特点，为其文化素质的提升带来帮助，并且为其英语学习提供相应的条件，使学生的文化认同感加强，促进学生的全面发展。创建丰富课堂，带领学生了解异国文化，使学生的学习效果加强，能够进一步实现阅读教学的目标，提升学生的能力。

第一，加强学生语言基础，促进文化意识培养。大部分学生在刚学习英语的时候，会受到母语思维定式影响，对英语中的语言规则理解不到位，容易出现错误，如用中文思维解读语序及语言结构导致混乱等。教师应结合英语语言的特点来引导学生，避免学生在英语学习中出现语言规律掌握不明确的现象，帮助学生在学习中更好地理解英语语言及语言文化，形成文化意识。教师可根据教学内容进行设计，使学生能够在学习过程中产生中西方文化差异观念，从语言方面进行学习了解，能够分辨英语及中文之间的语言差别。在阅读学习中，句子是重要的部分，中西方思维方式的不同会使中英语言逻辑顺序产生混乱。教师应注重对两种语言的句式结构进行区分，使学生了解英语语序、语法的特点，能够发现与中文之间的区别。

第二，创建丰富课堂，激发学生对不同文化的兴趣。在教学中，教师应注重激发学生的兴趣，采用能够引起学生兴趣的方式开展教学，让学生产生更多的学习热情，提升教学的效率。如果学生对所学内容缺少兴趣，难以集中注意力，在课堂上学习积极性比较差，教师需要根据学生的特点合理设计教学，借助丰富的形式开展教学，如音乐或者文本等，使学生能够得到有效的引导，在体验文化的同时进行学习，为教学的开展带来良好的条件。

第三，带领学生了解异国文化，拓宽文化视野。教师应在阅读教学中培养学生的文化意识，使其对文化有更多的感知，拓宽其文化视野，能够对英语语言文化产生正确的认识，并且扩大范围，使学生了解更多国家的文化。教师可结合教学内容中涉及的文化材料对学生开展指导，也可鼓励学生阅读关于文化的英文读物，培养学生的阅读习惯。教师也可使用多媒体给学生展示关于文化的内容，如纪录片等，引导学生在观看纪录片的时候对其中的内容展开思考，帮助学生积累更多关于文化的知识，学习教学中的内容。

第四，结合生活渗透文化，培养学生良好品质。文化意识培养是英语教学中的重要内容，教师应培养学生日常交际风俗及礼仪，通过阅读教学来渗透其中的文化内容，使学生对礼仪文化有更多的了解。教师应引导学生了解日常生活模式，与母语文化内容进行比较，使其对文化的理解加深，还可以实现有效的语言交际。在阅读教学中，教师可将经典中国故事与教材资源结合起来，将其与学生的生活融合。这既符合学生的身心发展特点，也能加强教学效果，同时使学生能够对传统优秀文化有更多的认识。由于经典故事中蕴含了传统道德美德文化，对学生有着重要的教育作用，教师可以参考故事结合教学内容来引入教学，激发出学生的学习兴趣，同时积累学生的文化底蕴。

第二节　英语阅读教学中的文化教学策略

目前大学生英语学习的功利化倾向比较明显，主要目的是应对四、六级等各种考试。作为对学生现实需求的迎合，应试化教学也比较普遍，主要特点是注重知识点的讲解，再针对各类考试进行大量的模拟练习。这种教学模式培养的学生在应试中表现良好，但在跨文化交流中常常因为文化障碍导致交际失败，究其根源，在于文化教学严重不足。围绕语音、词汇、语法进行教学的理念仅仅把语言当成了表层符号系统，忽略了符号蕴含的深层文化信息，结果就是学生只能对语言进行音、形、义的表层解码，却解不开隐藏在其中的文化密码。"阅读教学是我国大学英语教学的主要形式，自然也是文化教学的主渠道，要想成功实施文化教学，教师需要掌握行之有效的策略"[①]，以下从三个方面探讨：

一、挖掘英语阅读教材的文化信息

教材是教师进行教学活动最重要、最直接的材料，是教师实现课程目标的凭借和依据。优秀的阅读教材，无论是内容的选编还是练习的设计都是专家学者们智慧的结晶，是对大学英语教学方针的忠实贯彻，教师要善于挖掘蕴含其中的有教学价值的文化信息。具体可以从课文的背景、主旨、细节、词汇等方面着手。背景包括作者信息、作品背景、创

---

① 徐东海. 大学英语阅读教学中的文化教学策略［J］. 大连教育学院学报，2022，38（2）：44.

作背景等，对于著名作品，背景信息还应包括作品的意义和影响。主旨是指作品要表达的中心思想，往往反映出社会的价值观，价值观是文化的重要组成部分，掌握文章的中心思想可以深入了解目的语国家的文化精髓。原汁原味的作品中文化信息随处可寻，教师要善于捕捉课文细节，如送礼物的细节反映了社交礼仪，授勋的细节折射出爵位制度。对于教材中出现的含有丰富文化内涵的词汇，教师要以它们为切入点进行文化教学，如"the E-mancipation Proclamation"和"the Dec-la ration of Independence"这样的专有名词，再如"ghetto"和"witch-hunt"这样的特色词汇。

二、在英语阅读教学中进行文化比较

每个民族都有独特的文化，要想成功进行跨文化交际，必须掌握文化差异，掌握文化差异的唯一方法就是比较。人的认知来自比较，认知过程就是把一个事物与其他事物进行比较的过程，认知的结果就是比较的结果，没有比较就没有认知。表现在跨文化交际上，没有经过文化比较，与不同文化背景的人交际的时候，就会下意识地把本民族文化的准则作为与别人交往的准则，以己度人，导致交际失败。

文化有三个维度，分别是物质维度、制度维度和精神维度。物质维度反映的是人与自然的关系，是指人类改造自然的活动及产品，例如服饰、建筑、工具等。制度维度反映的是人与他人、人与社会的关系，是指人类改造社会的活动及产物，例如风俗、道德、法律等。精神维度反映的是人与自我的关系，是指人的主观世界的活动及产物，例如信仰、价值观、思维方式等。

此外，在阅读教学中教师可以从这三个维度进行文化比较，物质维度指向物质，相对简单直观，例如国会山与人民大会堂的比较，汉堡与包子的比较，西装与唐装的比较。制度维度和精神维度的比较相对复杂，教师应指导学生深入学习和思考并在教学中贯彻课程思政的理念和要求。

通过比较，不但能使学生深刻认识目的语国家文化，还能帮助学生把原先司空见惯却又认识模糊的本民族文化从感性认识上升到理性认识，提高文化理论水平，这有利于培养他们跨文化交际能力中的母国文化对外传播能力。

三、英语阅读教学中要克服刻板印象

所谓刻板印象，是指一个群体的成员对另一个群体成员的简单化的看法。这种简单化的看法往往来自过度归纳（过度概括）。归纳这种思维方式，作为认知过程的一部分，在开始阶段效果明显，但它容易忽视个体差异从而导致过度归纳。要努力让学生在开始阶段就形成比较客观的认识，避免掉入刻板印象的陷阱。

尽管教材收录的文章都是精品，教师仍要向学生指出，作品反映的是作者个人对社会的认识和评价，认识的广度和深度受限于作者的水平，评价都是主观的，作品往往夹杂着作者个人的理想，而理想不是真相。为了避免学生以偏概全形成刻板印象，教师要鼓励学生通过其他途径，如阅读外语报刊、浏览外国网站、浏览海外华人在社交媒体上发布的海外生活纪实、通过社交媒体和外国人直接交流、到目的语国家旅游等方式，尽可能全方位近距离观察、体验、感悟外国文化。

如今，在全球化加速的时代，大学英语教师除了要具有渊博的中外文化知识、敏锐的文化教学意识以外，还需要掌握有效的文化教学策略，才能把语言知识、语言能力和文化教学融为一体，才能培养出立足本土文化、拥有国际视野、具备跨文化交际意识和能力的全面型人才。

第三节　基于语篇分析的英语阅读教学策略

在以往的大学英语阅读教学中，大部分教师都习惯重点将词汇含义分辨以及语句结构分析，虽然也属于重点有利于学生更加深入理解英文句式结构，却分割了语句之间、段落之间的紧密关系。严重影响了学生从整体上对语篇的理解，导致学生总是出现可以理解语句，但并未掌握文章主旨和中心思想。大量研究表明，语篇分析理论可解决上述情况，教师可将从语篇入手，以层次为起点为学生讲解其中的难点，这样更有利于学生理解和把握语句的含义和结构。

一、语篇分析的理论认知

"语篇是由多个不间断的短句有序排列构成的有机整体，人们日常使用的某个单词或是短语，都可组成一个完整的语篇。"① 语篇分析相对于独立的语法形式分析而言有着较大的差异，语篇分析强调的重点是语篇每个部分的构成方式、各个部分之间的关系，以及它们是怎样组成一个有价值的有机整体。利用句子和段落的对比，来探究其中相关的语篇因素，最后实现对文化、语境、文体以及语义各个层次、各个角度的透彻分析，这种方法最明显的优势在于可以让学生从语言总体上切入，以此来了解作者观点及创作意图，帮助

① 张文英. 语篇分析视角下大学英语阅读教学策略创新研究 [J]. 宿州教育学院学报, 2019, 22 (5): 95.

读者探索文章蕴藏的深层含义，从而综合评价与理解文章。

从宏观层面上看，语篇能分解成语境、衔接与连贯这三部分内容。不管是运用哪种语言，都需要在特定的语言环境下实施，语言只有依托语境才能出现。

第一，语境在创造的进程中，是将它放置在社会物质环境和语言世界下的，这对语篇的含义的理解会造成直接影响，而读者之所以能短时间内了解大致意思，是他们瞬间捕捉到了具体的语境。语篇中能明显发现语境的积极作用，例如："吃饭了吗?"在我国被视为一种最寻常的问候短语，但在西方却完全相反，他们认为这种问候不够礼貌，这种状况实际上就是因为语篇发生环境及情境的不同所导致的，也属于语境的一种因素。

第二，衔接是形成语篇特点的主要元素，也是构成语篇的主要途径，具体包含取代、词语衔接、省略、指称以及连接这几种形式。其作用是帮助读者了解语篇中语句与语篇是如何建立某种关系的，相当于语篇的有形网络。

第三，连贯的作用是语篇中语言含义的关联，可借助逻辑分析来连接语言含义，也就是无形的语篇网络。大多数情况下，字里行间看到个别尤为明显的语篇衔接标志，就必须结合背景知识进行逻辑研究，才能将顺语句和语义关系，进而理解语篇中的语义。

二、语篇分析视角下英语阅读教学策略的创新路径

（一）融入语言环境，增强背景文化知识的渗透

教师在大学英语阅读教学中，应融入并拓展有关的背景文化知识，努力开拓学生的视野，丰富他们的知识体系，实现课堂教师理论知识的传授与课外延伸知识的紧密结合，指导并鼓励学生利用个人学到的知识展开大胆推测和研究。首先，在实际教学当中，英语教师在传授课本内的语言知识时，对其中蕴藏的西方国家背景文化知识，经济、民情及价值观等也要适当地进行阐释，逐渐强化学生对中西文化差异的了解。例如，教师可专门设定一个文化专题，把某种文化现象整理后讲给学生，以交际为例，向学生讲解西方国家有哪些敏感话题，他们热情好客的具体表现以及语言禁忌等。其次，由于语言环境包含的知识内容众多，教师无法面面俱到，对此，应加强学生对英文版本书籍的阅读量，如《古希腊神话》以及广为流传的经典圣经，利用常见的作品，以此来帮助广大学生为根本上理解西方国家文化，同时也要向学生介绍一些著名的英美文学作品等。最后，应重视对学生语言环境重构以及迅速唤醒共有知识能力等方面的训练，实际上一般在语篇上文已经设定的情景也具备共有知识的功能，因此，若是学生可以有效回忆起上下文中的情景，便可在一定程度上提高他们的阅读能力。常用的训练方式为，学生正常速度阅读整篇文章，然后教师

提出某些与上下文情景有关的问题，让学生迅速作答。在日常训练中，也可适当增加语篇知识及其实践应用的内容，以此来锻炼学生语言环境反应力，增强他们的语境意识。

（二）增强语篇意识，探究文章的连贯与衔接性

在语篇分析中，完整的文章中衔接与连贯是不可或缺的构成元素，也可将这两个元素看作有效方法，大学英语阅读教学可使这两种方法，指导学生分析文章中心主旨，探究不同层次和段落是怎样使用连贯与衔接的。例如，交换和省略会频繁出现在对话中，衔接则一般出现在议论文以及说明文中，而科技文献内容通常会出现众多的词汇衔接。利用这种形式，能够培养学生对所读文章内容环境的重视，也就是对上文与下文衔接及连贯的高度重视，而由原创者设计的上下文事实上就是读者对语篇总体把握及深入理解的主要依据。在这一实践过程中，教师应转变学生阅读中通过查阅字典解决生字与陌生词汇的方式。

此外，要让学生明白，在阅读文章的过程中，遇到陌生文字与词汇是正常现象，但查阅字典的方式虽然能够认知陌生文字与词汇，但却无法加深上文的印象，不能将其印刻在脑海中，并且还会对下文的理解造成一定的影响。在这样的分割阅读方式下，学生只是简单的翻译了英语文章的含义，并未构成英语意识，对此，正确的方式应是继续阅读。因为大多数情况下，陌生文字或是词汇不会对整个文章的理解造成太大影响，而且，这些信息特别是比较关键的信息极有可能会出现在下文，学生根据上文与下文的语境包含文章的连贯及衔接就可做出大致的判断。因此，在日常实践训练中，教师应加强学生对文章衔接与连贯的掌握，利用分析总结，来进一步了解上下文真实的语言环境。换言之，只要学生可以熟练运用衔接与连贯方法后，就能对上下文将要出现的内容做出精准的推测，这对他们解决推测类的问题至关重要。

（三）运用交叉提问，深化学生对文章的认知

若是单纯的从语篇运用的层面上看，在大学英语阅读教学中共有三方面重要因素会影响学生对语言的解读，它们分别是语篇基调、语篇形式以及语篇场，这几个因素可以在语言以及语言环境中构建起一定的联系。因此，在大学英语阅读教学中，教师应将这三个影响语言环境的因素专门罗列出来，并将其作为重要主题向学生进行详细阐释，以提问的方式让学生独立做出判断。例如，教师可从教材中选择某个语篇场，向学生提出具体的问题，问题内容可以是事件发生的地点、交流者探讨的话题，或是发生了怎样的事等。根据语篇基调，教师提问的内容可以是交流者的态度、情绪、人物之间的具体关系，也可让学生推测即将会发生的事。而针对语篇形式，提问的内容可以是语言在特定语言环境下所具

有的作用，也就是说，交流方式是书面形式还是口头形式，采用的是怎样的题材等。

（四）依托宏观导入，进行英语阅读层次教学

实际上语篇教学指的是将语篇视为一个有机整体，学生在阅读过程中应从宏观的层面进行了解，教师要在学生对背景文化知识、语言知识充分了解的前提下，积极帮助他们逐渐深入掌握语篇的结构、语篇所要传递的真实信息以及作者的创作思路与文章主旨等。当学生切实了解作者创作目的，明确文章中心思想后，便能基于中心思想来理解句子在文章中所起的作用，逐步提高自身的阅读速度。这其中需要强调的是，教师应将体裁作为阅读教学中的主要部分，提高对其重视程度。心理语言学从众多的研究实践中发现，在了解语篇体裁的状况下，学生的学习实效性可得到明显提升。究其根本原因，主要是因为学生若是能够了解不同文体的语篇结构，那么在阅读探究的过程中便可较为轻松地抓住语篇的中心主旨，迅速地获得有利信息。因此，在大学英语日常阅读教学中，教师应将叙事文、说明文以及议论文等各种文体向学生交代清楚，同时将常用的说明、对比、举例、描写等思维方式传递给广大学生。保障学生能够了解不同文章体裁的特点，探索到其中蕴藏的基本规律，深化他们对语篇的认知和理解。

综上所述，语篇分析理论对大学英语阅读教学具有至关重要的作用，可以弥补传统阅读教学中的不足，激发学生的阅读学习兴趣和积极性，让学生更好地了解所读语篇，进而提高他们的语言运用能力。运用语篇分析理论，不仅能够保障大学英语阅读教学的效率和质量，同时也能促进广大学生的全面发展。

第四节　英语阅读中跨文化交际能力的培养策略

我国大学生的公共外语主要以英语为主，所以大学英语所涉及的跨文化交际主要指的是中西方文化背景或社会生活等方面的交际。如果学生在阅读英语文章时对文章作者的意图和文化背景并不熟悉的话，学生就会在阅读的过程中造成反复阅读的行为，最终也只能是理解字面意思而不能明白一些深层的文化背景所附带的引申含义，作者的意图就更难以理解。这样不但降低了阅读速度，也影响了阅读效率。这种文化冲突所造成的阅读理解障碍是除了阅读技巧和方法之外的一种隐性障碍，也是更难突破的一种阅读障碍。

在大学英语阅读教学中，除了要关注学生的词汇量及语法知识的掌握情况，也要培养学生的阅读技巧和方法，当然教师可以在课堂中讲解阅读技巧和方法，学生也可以在平时

的课上或课下练习中巩固这类知识。但要跨越英语阅读的隐性障碍，跨文化交际能力的培养必不可少。如果不系统地了解中西方文化的差异，大学生在进行跨文化交际的过程中势必会处于一种被动的劣势情境。在大学英语阅读的过程中更容易只停留在文章表面内容的认知上，而对深层含义的理解却只能望而却步。

跨文化交际能力的培养不仅可以使学生能够快速了解西方英语国家的文化背景，同时也可以与时俱进地了解西方英语国家的实际社交情况，从而更能够激起学生的阅读兴趣，侧面培养了学生学习的积极性。教师在培养学生跨文化交际能力的过程中也可以尝试将僵化了的传统教学方式转化为灵活多样的娱乐性教学模式。这种寓教于乐的教学方式能够快速使学生融入学习的氛围中去，学生能在轻松的学习过程中掌握应学知识，从而扫除大学英语阅读中存在的隐性阅读障碍。因此，在大学英语阅读中培养跨文化交际能力势在必行。

英语阅读教学中培养跨文化交际能力的相关策略如下：

一、英语教师须改变传统教学观念与方法

（一）英语教师须改变传统教学观念

在以往的传统教学观念中，教师习惯于按部就班地按照教材和辅助练习题进行备课、授课，以及给学生设计测验考核等。而且学校倾向于学生的应试教育，大学生学习英语的主要目的是为了应试大学英语四、六级考试，所以教师的授课倾向也受到这些客观存在因素的影响，而授课的角度也主要倾斜于英语阅读理解的词语搭配、词汇拓展和语法分析等技巧类方面。教师在完成任务工作量的同时，也渐渐忽视了培养学生阅读能力和沟通交流能力的重要性。因此，在教师群体中基本形成了一种旧的观念，就是专攻提升学生的英语阅读理解的技巧和语法词汇知识点，却忽略了学生对异域文化背景的掌握和了解，淡化了学生综合能力的提升。

在传统教材以及教学大纲中也没有侧重对中西方文化异同的讲解。教材中选用的文章大多是节选自国外原版文章，教师和学生即使可以对作者不甚了解，但对文章所处的文化环境、历史背景、社会因素以及语言使用习惯应有所分析，这些大致的观念应该形成，从而可以缩小阅读理解的判断范围和判断方向，以便于提高阅读理解的速率和效率。

（二）英语教师须改变传统教学方法

传统教学方法就是教师在讲台上讲解，学生在座位上听课吸收知识，几十年的传统教

学方式已经形成了一种默认的上课学习模式。这种学习模式在中国学生中的表现形式就是授课—听课的机械化学习过程，教师也因此只走一种程序，即一篇课文备课后可以反复使用，甚至很难添加一些新的知识点。在某种程度上来说这对于教师是一种"懒教"，对于学生而言也是一种"填鸭式学习"，这种教与学的形式和方法使英语阅读理解的能力提升效果甚微。因此，教师应该勇于创新思考，从新的角度开辟教学方式。

教师不应受限于所用教材。教材涵盖的内容有限，教师应全面了解文章所处的文化环境及社会背景知识。同时，教师在课前应全面给学生普及这类知识，并且适当讲授中西方思维方式的不同，例如，英语俚语，或者在英语中关于数字、颜色等的含义和暗示的潜在意义，这些都与中文有很大的差异。

由此可见，跨文化交际能力是在潜移默化的教与学中逐渐锻炼出来的。这就需要教师的悉心设计和学生持之以恒的学习。

二、英语阅读课堂须导入多种教学模式

当今世界的发展逐渐趋于信息化，大学的课堂也应转变过去的那种循规蹈矩的教学授课模式，而应逐渐趋于多元化。因此，线上教学和多媒体教学就逐渐成为学校除面授课外最安全有效的教学模式。线上教学模式有直播课堂和录播课程两种方式，教师在直播的过程中可以与学生有互动，这种互动不同于课堂的特点就是，每一个学生都相当于在经历一对一的面授课，而且通过视频软件，学生的参与度较高，几乎人人都可以在公屏上发言，教师可以一一做出解答，教师也可以培养学生做助教，助教可以辅助教师在公屏上打出相关知识点，以帮助学生可以随时阅读并加深印象，能够深刻了解掌握知识点。课程录播后也可以反复播放，学生可以温故知新，反复观看，这样就有助于学生对知识点的消化理解。

教师在运用多媒体教学时主要是应用投影仪或者电脑，给学生播放一些西方英美国家电影或一些具有西方文化背景特征的英语纪录片等，通过声影并茂的展示，学生可以加深对西方英语国家社会文化背景的理解。同时，教师应该辅助以相应的讲座对教学影片涉及的社会文化背景进行讲解，再留下内容相适的阅读理解作为课下练习，以此夯实学生对这一系列知识点的消化和理解。

三、学校应注重引导学生跨文化交际能力的培养

教师在围绕疏通教学大纲教学的同时，还要学会融会贯通，将跨文化交际涉及的相关知识融入教材和课堂练习的讲解中去，这需要教师额外的备课工作量。同时，也需要学校

能够重视引导学生培养跨文化交际能力。学校应持续设立英语角，并经常邀请校外外籍专家来学校做关于异国文化的专题讲座，如此也有利于改善英语交际环境。学校应支持并定期组织跨文化交际活动沙龙等，邀请留学生来校内进行文化交流，活动形式多种多样，可以以文学诗会的形式举办，也可以以民族艺术节的形式举办，最常见也最能受到学生欢迎的便是角色扮演的活动，可以扮演英美文学著作中的片段，也可以扮演国内外的一些卡通形象，需要体现跨文化交际的地域文化信息特点。

同时，学校要经常联系一些书店或出版社，定期在校内举办书展，学生能从不同角度接触中西方的跨文化冲击，对扩大学生的视野，丰富学生的文化生活起到至关重要的作用。

学校应督促学生会定期举办一些学生自发的跨文化交流活动，要适当宣传讲解一些在跨文化交际活动中存在的禁忌和注意事项，有些言语行为应该注意文化的差异。如中国学生在与西方人交流的过程中，应注意自己的身势语，当对方讲话的时候，自己要适当做出回应，以示是在认真听讲；在讲到一些数字或颜色的时候，由于汉语和英语之间的差异巨大，一旦疏忽不慎，就会造成交流障碍；在西方文化中，哪些是隐私而不能提及或被提问，在汉语中却表现成是关心和关照的特点。而且很多英语中存在的俚语或一些委婉语句具有暗示作用，与字面意思完全不同，中国学生尤为需要注意。

因此，学校的倾向性和主导性非常重要，这在潜移默化中可以给学生营造更多机会接触西方文化的环境，而且通过比较和对比学习，学生能够在轻松愉悦的氛围中学习掌握跨文化交际的相关知识，使知识的学习能够多样化灵活化。

第五节　新媒体环境下的英语阅读教学策略探析

随着网络时代的到来，新媒体的传播方式愈来愈丰富。"在新媒体教学环境的影响下，高校英语阅读教学开辟了一条新的道路。"[①] 当前，我国高校英语阅读教学模式仍存在形式单一、内容局限的问题，在很大程度上制约了学生英语阅读能力的发展。以下探究新媒体环境下的英语阅读教学策略，以期推动英语教学水平的提高。

一、创建完善的英语阅读教学体系

首先，各高校想要构建完善的英语阅读教学体系，就必须改变当前高校英语阅读教学

①　贾欣，靳鹏祥. 新媒体环境下高校英语阅读教学策略探讨 [J]. 英语广场，2022（29）：121.

模式单一的现状。由于学生普遍对英语阅读学习缺乏兴趣，他们基本不会开展自主学习活动。因此，各高校应积极引入最新的多媒体技术，为英语阅读教学提供技术支撑。同时，高校应购入新的教学仪器设备，为师生搭建在线英语交流平台，使得教师和学生在课外也可以进行实时互动与交流，在给学生的学习带来极大便利的同时，给教师教学提供新的思路和方式。

在此过程中，大学英语教师必须深刻认识到新媒体技术对课堂教学的益处，重视新媒体技术在教学中的应用，积极地改革高校英语阅读教学体系。在英语阅读教学中，教师要不断创新，提高学生的阅读能力，完善学生的英语知识结构。教师只有把网络资源和教材资源进行有机结合，才能使学生的英语阅读能力得到有效提高。另外，教师可以在平台上建立英语交流聊天室和英语学习小组，组织学生交流、共享课前所收集的资料，充分体现学生的主体地位。

二、不断优化英语阅读的教学内容

在新媒体环境下，教师可以通过网络搜集各类英语阅读教学素材，不断优化课堂教学内容。教师应利用新媒体提供个性化和层次化的教学策略，并加强对学生学习策略的教育，引导学生利用新媒体进行自主学习。需要注意的是，教师在选择英语阅读教学资料时不能仅仅局限于教材。特别是近几年来，随着信息化的普及，教师更应该顺应时代的发展，充分利用新媒体技术不断丰富英语阅读教学内容。另外，教师可以将各种英语阅读材料整合在一起，形成一个资源库，并利用网络进行资源共享，让学生在任何时间、任何地点都可以开展英语阅读，从而有效拓宽学生的英语阅读范围，提升其英语阅读能力。

教师在开展阅读教学前应当做好准备工作，注重教学设计，突出教学核心要点，运用新媒体资源进行知识点的分析和注释。教师要围绕学生展开教学，循序渐进地介绍英语阅读文章所表达的主题，使学生充分享受学习英语的乐趣。例如，教师在教学中可以利用新媒体技术呈现与课堂有关的英语故事，让学生找出故事的主旨和重点，并撰写归纳性小短文与大家分享。在教师的引导下，学生能够正确认识自己的不足并加以改正。

三、科学培养学生的自主学习能力

教师必须转变教育理念，在阅读教学中特别注重培养学生的自主学习能力，从而为英语教学改革的可持续发展奠定良好的基础。教师应为学生构建丰富的英语教学情景，并将各类英语阅读素材融入课堂之中，让学生结合课件开展自主学习。

在传统的英语阅读教学模式下，教师通常都是一味地传授课本上的基础知识，导致学生的英语学习兴趣不高。因此，教师需要充分激发学生的学习兴趣，不断改进教学方法。情景式教学可以促进师生之间的互动，改变传统"填鸭式"的教学方法，为学生的英语阅读学习增添乐趣。在教学过程中，教师必须克服内容模块的局限性，在深入分析教学内容的基础上，有效完成网络教学资源和课本资源的整合。在课上，教师应采用文字、图片、音频、视频相结合的方式，使得课堂教学环境更加轻松愉悦。调研发现，在消极的课堂氛围下，学生普遍处于一种消极的心理状态，甚至还会生出对课堂的抵触心理，学习效率较低；在积极的课堂氛围下，学生的学习状态会更加活跃，心理压力也会逐渐消失，学习积极性也会逐渐提高。因此，教师可以在课上充分利用新媒体技术，为学生创设各类情景，调动学生的学习兴趣，减弱学生对英语学习的抵触情绪。

高校学生本身就具备一定的英语学习基础，教师应注重开展引导式教学，让学生有更多机会对知识进行思考、探索和实践。在这一过程中，学生的自主学习能力能够得到有效提高。教师可以为学生示范分析知识点的方法，让学生尝试着自己分析英语阅读知识点，并用自己的方式为其他同学讲解知识点。这种教学方式既能培养学生的自主学习能力，还能锻炼学生的思维能力。教师引导学生树立正确的学习观，让学生学会借助新媒体技术不断进行自学与探索，丰富英语阅读知识面。

第六章 现代信息技术与英语教学的实践研究

第一节 信息技术与英语教学的整合研究

一、信息技术与英语教学整合的重点

随着社会经济的发展和科学技术的进步，人类进入了信息社会的发展阶段。信息社会的来临，对教育教学提出了新的人才培养目标和挑战，也为教育的发展提供了新的机遇和有利条件。随着计算机、多媒体和互联网教育应用的飞速发展，高等教育的内容和形式发生了重大的变革，大学英语教学的内容和模式也随之发生了很大改变。为了适应新形势下人才培养的需要，我国高等院校纷纷对大学英语教学进行了新一轮的改革，高校英语教学改革，应该重视确立新型的大学英语教学模式，新的教学模式应以现代信息技术，特别是网络技术为支撑，使英语的教与学可以在一定程度上不受时间和地点的限制，朝着个性化和自主学习的方向发展，改进以教师讲授为主的单一教学模式。在充分利用现代信息技术的同时，要合理继承传统教学模式中的优秀部分，发挥传统课堂教学的优势。

由于计算机、多媒体和互联网的普及，可获得的教学资源越来越丰富，现代信息技术应用在教育和教学领域的重要性日益为人们所认识。信息技术与课程整合是教育教学改革的一个新途径，与学科教学有着密切的联系和继承性，又是具有相对独立性特点的新型教学模式类型。信息技术与课程整合，不是把信息技术仅作为辅助"教"或辅助"学"的工具，而是强调要把信息技术作为促进学生自主学习的认知工具和情感激励工具，利用信息技术所提供的自主探索、多重交互、合作学习、资源共享等学习环境，把学生的主动性、积极性充分调动起来，使学生的创新思维与实践能力在整合过程中得到有效的锻炼，这正是创新人才培养所需要的。由此可见，"信息技术与课程整合是改变传统教学模式、

实施创新人才培养的一条有效途径"[①]，也是教育改革的趋势与潮流。

（一）信息技术与课程整合对英语教学的重要意义

1. 信息技术与课程整合的认知

自 20 世纪 50 年代末第一个计算机辅助教学系统问世以来，信息技术教育在的发展大体经历了三个阶段：第一，从 20 世纪·60 年代初至 80 年代中期是计算机辅助教学阶段（CAI），这一阶段主要是利用计算机的快速运算、图形动画和仿真等功能辅助教师解决教学中的某些重点、难点，这些 CAI 课件以演示为主，这是信息技术教育应用的第一个发展阶段。在这一阶段，一般只提计算机教育，还没有提出信息技术教育的概念。第二，自 20 世纪 80 年代中期至 90 年代中期是计算机辅助学习阶段（CAL），此阶段逐步从辅助教为主转向辅助学为主，强调如何利用计算机作为辅助学生学习的工具，如用计算机搜集资料、辅导答疑、自我测试以及安排学习计划等。这个阶段不仅用计算机辅助教师的教学，更强调用计算机辅助学生自主学习，是信息技术教育应用的第二个发展阶段。在这一阶段，计算机教育和信息技术教育两种概念同时并存。应当指出的是，由于信息技术教育应用起步较晚，目前大多数高校的信息技术教育应用模式仍然主要是 CAI 阶段，即计算机辅助教学阶段。第三，信息技术与各学科课程的整合是从 20 世纪 90 年代中期开始，一直发展到今天，属于信息技术与课程整合阶段（IITC）。这一阶段以信息技术应用于教学为显著特征，教学模式发生了重大变化。在这一阶段，原来的计算机教育（或计算机文化）概念已完全被信息技术教育所取代。信息技术与课程整合，是当前国际教育界非常关注的一个研究课题。

（1）信息技术与课程整合的目标。信息技术与课程整合，不是把信息技术仅作为辅助教或辅助学的工具，而是强调利用信息技术来营造一种新型的教学环境，该环境应能支持情景创设、启发思考信息获取资源共享、多重交互、自主探究、协作学习等多方面要求的教学方式与学习方式，即实现一种既能发挥教师主导作用又能充分体现学生主体地位的、以"自主、探究、合作"为特征的教与学方式，这样可以把学生的主动性、积极性、创造性较充分地发挥出来，使传统的以教师为中心的课堂教学模式发生根本性变革。教学模式变革的主要标志是师生关系与师生地位作用的改变，这种改变使学生的创新精神与实践能力的培养真正落到实处，而这正是我们的素质教育目标所要求的。

信息技术与课程整合可以被看作是培养重要人才的根本措施，而人才的核心素质则是

---

①　魏琴. 信息化背景下大学英语教学研究［M］. 长春：吉林人民出版社，2020：68.

创新精神与合作精神。信息技术与课程整合是培养创新人才的重要途径乃至根本措施，其所要达到的目标就是要实现创新人才的培养。这既是我们国家素质教育的主要目标，也是当今世界各国进行新一轮教育改革的主要目标。

（2）信息技术与课程整合的属性。信息技术与学科课程的整合，是通过将信息技术有效地融合于各学科的教学过程来营造一种新型教学环境，实现一种既能发挥教师主导作用又能充分体现学生主体地位的以"自主、探究、合作"为特征的教与学方式，从而把学生的主动性、积极性、创造性较充分地发挥出来，使传统的以教师为中心的课堂教学模式发生根本性变革，从而使学生的创新精神与实践能力的培养真正落到实处。

信息技术与学科课程的整合包含三个基本属性：创设新型教学环境、实施新的教与学方式、改革传统的教学模式。新型教学环境的建构是为了支持新的教与学方式，新的教与学的方式是为了改革传统的教学模式，改革传统的教学模式则是为了最终达到创新精神与实践能力培养的目标，如创新人才培养的目标。

教学过程主体以外的一切人力因素与非人力因素都属于教学环境的范畴。所以，就信息技术在教育领域的应用而言，和把以计算机为核心的信息技术仅看成工具、手段的 CAI 或 CAL 相比，显然要广泛得多、深刻得多，其实际意义也要重大得多。CAI 主要是对教学方法与教学手段的改变，没有出现新的学习方式，更没有改变教学模式，所以它和信息技术与课程整合二者之间绝不能画等号。但是，在课程整合过程中会将 CAI 课件用于促进学生的自主学习，所以"整合"并不排斥 CAI，其目的是运用 CAI 课件作为提供学生自主学习的认知工具与协作交流工具，这种情况下的 CAI 只是信息技术应用于整个教育过程的一个环节、一个局部。而传统的以教师为中心的计算机辅助教学是把 CAI 课件作为辅助教师突破教学中的重点与难点的直观教具、演示教具，这种情况下的 CAI 就是信息技术应用于教育的全部内容。可见，对这两种教学情景下 CAI 课件的运用，其应用方式和内涵实质都是不一样的。

目前，从全球教育的发展趋势看，信息技术教育应用逐渐进入第三个发展阶段，即信息技术与课程整合的阶段。进入这一阶段后，信息技术就不再仅是辅助教或辅助学的工具，而是要通过建立新型教学环境和教与学方式，从根本上改变传统的以教师为中心的教学模式，以培养学生的创新精神与实践能力为教学目标，即大批培养创新人才的目标。

（3）信息技术与课程整合的途径与方法。信息技术与课程整合对我国当前教育深化改革具有重要意义。就高等教育而言，我国教育信息化的硬件设施有了很大的发展，高校的校园网络建设基本上已经在全国范围内普及，但是真正能在某些学科教学中，通过开展信息技术与课程的有效整合实现教育深化改革的高校并不多。如何运用信息技术环境（尤其是网络环境）来促进教育深化改革，改变传统的以教师为中心的教学模式、形成"主导—主体相结合"的新型教学模式，是关于提升高校的学科教学质量与效率的问题，也是中国教育信息化、科学化的关键问题。

信息技术与课程整合的理论必须对信息技术与课程整合的目标、内涵、方法等三方面的问题做出科学的回答，以整合途径与方法，这是信息技术与课程整合理论中最关键的问题。信息技术与课程的有效整合意味着数字化的学习，而数字化的关键是将数字化内容整合的范围日益增加，直至整合整个课程并应用于课堂教学。当具有明确教育目标且训练有素的教师把具有动态性质的数字内容运用于教学的时候，它将提高学生探索与研究的水平，从而有可能达到数字化学习的目标。为了创造生动的数字化学习环境，学校必须将数字化内容与各学科课程整合。

一般而言，信息技术应用于教学主要是在课前与课后，包括资料查找以及在学生与学生之间、学生与教师之间进行交流与合作，而课堂教学过程的几十分钟里一般难以发挥信息技术的作用，还是要靠教师去言传身教。信息技术应用于课前，是指教师利用这种方式在课前将讲授内容、相关资料、重点难点以及预习要求，事先通过网络发布，使学生在上课前能做好充分准备，若有疑问还可随时和教师进行沟通与交流。基于问题的学习、基于项目的学习、基于资源的学习则属于基于网络的专题"研究性学习"模式。由于这类模式是围绕自然界或社会生活中的真实问题而展开的，往往是多个学科的交叉多种知识的综合运用，要进行大量的实际调查、访谈或测量，需要花费较多时间，只能利用课外时间来完成，所以不适合作为课堂上的常规教学模式。实现信息技术与课程深层次整合的基本途径与方法如下：

第一，以先进的教育理念为指导。必须运用先进的教育理论，特别是以建构主义理论为指导。信息技术与课程整合的过程绝不仅是现代信息技术手段的运用过程，还是教育深化改革的过程。没有理论指导的实践是盲目的实践，改革必将失去正确的方向。建构主义理论并非能解决教学中的任何疑难问题，但建构主义所强调的"以学为主"，学生主要通过自主建构获取知识意义的教育思想和教学观念，对于传统教学结构是极大的影响。除此以外，建构主义的学习理论与教学理论以及建构主义学习环境下的教学设计方法，可以为信息技术环境下的教学，也就是信息技术与各学科课程的整合提供强有力的理论支撑。

第二，重视"学教并重"的教学设计理论。较为流行的教学设计理论主要有"以教为主"的教学设计和"以学为主"的教学设计两大类，"以学为主"的教学设计也称为建构主义学习环境下的教学设计。由于这两种教学设计理论均有其各自的优势与不足，所以最好是将二者结合起来，形成优势互补的"学教并重"的教学设计理论。这种理论既重视发挥教师的主导作用，又充分体现学生的主体地位。在运用这种理论进行教学设计时，以计算机为核心的信息技术，包括多媒体和计算机网络技术在内，不单是辅助教师教课的形象化教学工具，更是作为促进学生自主学习的认知工具与协作交流工具。建构主义学习环境下的教学设计理论，能在这方面发挥重要的指导作用。

第三，以建立新型的教学模式为中心。教师在进行课程整合的过程中，要密切关注教学系统四个要素（教师、学生、教学内容、教学媒体）的地位与作用，通过课程整合，使这四个要素的地位与作用发生相应的改变，并深入思考：改变的程度有多大；哪些要素改变了；哪些要素没有改变；没有改变的原因在哪里等，这些问题正是衡量整合效果与整合层次深浅的主要依据。

第四，重视教学资源的建设。丰富而高质量的教学资源，是实现课程整合的必要前提，是学生自主学习、自主发现和自主探索的必不可少的条件，也是改变教师主宰课堂、学生被动接受知识这种状态的要求。缺少了这个前提，新型教学模式的创建便无从说起，创新人才的培养也无法实现。教学资源的建设，要求广大教师努力搜集、整理和充分利用互联网上的已有资源（如免费教学软件等），在确实找不到理想的与学习主题相关的资源的情况下，教师才有必要自己去进行开发。

第五，注意结合学科的特点。新型教学模式的创建要通过全新的教学结构来实现。教学结构属于教学方法、教学策略的范畴，但又不完全等同于教学方法或教学策略。教学方法或教学策略一般是指教学上采用的单一的方法或策略，而教学结构则是指两种或两种以上教学方法或教学策略的稳定组合。在教学过程中，为了实现某种预期的效果或目标，创建新型的教学模式，往往要综合运用多种不同的方法与策略。当这些教学方法与策略的联合运用总能达到预期的效果或目标时，就成为一种有效的教学结构。能实现新型教学模式的教学结构很多，且因学科和教学单元的内容不同而各异。在实际教学中教师应结合各自学科的特点通过信息技术与课程的深层次整合去创建新型的、既能发挥教师主导作用又能充分体现学生主体地位的"主导—主体相结合"教学模式。这种新型的教学模式的类型是多种多样的，是分层次的。

常见的实现信息技术与课程深层次整合的教学模式包括探究性教学模式、专题研究式教学模式、仿真实验教学模式等。探究式教学模式适用于各个学科每一个知识点的常规教学，这种模式可以深入地达到各学科认知目标与情感目标的要求。专题研究性教学模式适用于培养学生解决实际问题的能力，包括发现问题、提出问题、分析问题、解决问题的能力。仿真实验教学模式则适用于物理、化学、生物等课程的实验教学。这些教学模式均有各自不同的实施步骤与方法，如果能将这几种教学模式灵活运用，将有力地促进信息技术与课程设计的深层次整合。

2. 信息技术与课程整合对英语教学改革的重要意义

传统的大学英语教学模式，实质上就是以教师为中心的教学模式。在这种模式下，教学系统中四个要素的关系是：教师是主动的施教者，是教学过程的权威，教师通过口授、板书等方式把语言知识传递给学生；作为学习过程主体的学生，在整个教学过程中主要是听讲记笔记，处于被动接受状态；媒体在教学过程中主要是辅助教师教课，即用于突破教学中重点、难点的演示教具、直观教具；教材是学生获取知识的主要来源，教师讲这本教材，复习和考试都是依据这本教材。这种教学模式的优点是有利于教师主导作用的发挥，有利于教师对课堂教学的组织、管理与掌控。但是，这一模式的不足就是影响了学生的主动性与积极性的发挥，不能把学生的主体地位很好地体现出来，难以达到理想的教学效果，这正是传统的以教师为中心教学结构的最大问题。

在教学实践中探索和实践将信息技术与大学英语课程整合的教学模式，将会有助于大学英语教学改革进程的推进，提高大学英语教学的成效。学科教学过程涉及三个教学阶段：与课堂教学环节直接相关的"课内阶段"，课堂教学环节之外的"课前阶段"和"课后阶段"。

（二）信息技术与大学英语教学整合的前提

整合要结合外语学科特点和学生心理特点。在整合的过程中，要依据外语学科特点和学生生理、心理特点剪裁和组合信息技术，安排课堂内容结构，运用教学策略和设计活动等。首先，外语课程的学习是学生通过外语学习和实践活动，逐步掌握外语知识和技能，提高语言实际运用能力的过程，其中，听、说、读、写是一个有机整体。因此，在课堂中，我们应该改变传统的过多重视语法和词汇知识讲解的做法，采用任务驱动的途径，把听、说、读、写和译的各种技能结合起来，并把它们统一在具体的问题和任务中，让学生在做中学、在做中用。其次，根据对外语学习认知过程的分析来设计课堂教学的各个环节、步骤和活动。利用信息技术激发学生的兴趣，用任务调动学生的探究热情，用个性化的学习让学生独立思考，用协作学习让学生进行交流、运用和建构。当然，我们还要尝试着根据学生爱说爱动、善于模仿、记忆力强，有强烈的竞争意识和表现欲，喜欢将学到的语言材料随时运用到对话、叙述和表演中的特点，来设计开展丰富多彩的课堂交际活动，以便于学生边学边练，学用结合，使所学语言材料能够在运用中获得巩固和提高。

（三）信息技术与英语教学整合的重要目标

现代信息技术与外语课程的整合是目前外语教育教学改革的制高点、突破口。首先，学与教的活动要在以多媒体和网络为基础的信息化环境中进行，包括多媒体计算机、多媒体课堂网络、校园网络和互联网络等。学与教的活动包括在网上实施讲授、演示、自主学习、讨论学习、协商学习、虚拟实验、创作实践等环节。其次，要对课程教学内容进行信息化处理，使之成为学习者的学习资源，可以通过教师开发和学生创作，把课程学习内容转化为信息化的学习资源，提供给学习者共享，而不仅是教师用来演示；还可以把课程内容编制成电子文稿、多媒体课件、网络课程等，教师用来进行讲授或作为学生学习的资源。充分利用全球性的、可共享的信息化资源，如数字化处理的视频资料、图像资料、文本资料等，作为教师开发或学习创作的素材，整合到课程内容相关的电子文稿、课件之中，整合到学习者的课程学习中；还可将共享的信息化资源与课程内容融合在一起，直接作为学习对象，供学生进行评议、分析、讨论。最后，利用信息加工工具让学生进行知识重构，利用文字处理、图像处理、信息集成的数字化工具，对课程知识内容进行重组、创作，使信息技术与课程整合不仅只是向学生传授知识，让学生获得知识，而且能够使学生进行知识重构和创造。

信息技术与课程整合需要建设数字化教育环境，推进教育的信息化进程，促进学校教学方式和学生学习方式的根本性变革，培养学生的创新精神和实践能力，实现信息技术环境下的素质教育与创新教育，培养有较强能力素养的人才。总体而言，信息技术与大学英语教学整合的目标主要包括与以下几个方面：

第一，在学科教学中渗透信息技术，提高学生信息素养。面向素质教育、基于信息技术的课程与教学改革，其根本要点是将培养和发展人的信息素养作为渗透素质教育的核心要素。信息技术与课程的整合，是渗透信息技术教育的基本途径。基于知识与信息的新经济形态已经崭露头角，以多媒体计算机和网络为代表的信息技术取得飞速的发展。面对新世纪的挑战，为了实现教育的跨越式发展，必须将迅速提高学生的信息素养作为渗透整个素质教育的核心要素，将信息素养的培养融入教材、认知工具、网络以及各种学习与教学资源的开发之中，以形成人对信息的需求，培养人查找、评估、有效利用、传达和创造具有各种表征形式信息的能力，并为此拓展对信息本质的认识。

第二，完善拓展课程学习内容，为人才培养奠定基础。通过信息技术与课程的整合，可以充实、完善、拓展、提高课程的学习内容，以实现从单一学科知识作为课程内容向逐步形成以高新技术为主体的综合知识型课程内容的转变，提高学生学习兴趣，同时培养学生终身学习的态度和毅力，使之具有主动吸取知识的愿望并能付诸日常生活实践，将学习视为享受，而不是负担；能够让学生独立自主地学习，能够自我组织、制订并执行学习计划，能控制整个学习过程，对学习进行自我评估，从而为社会发展所需要的各种人才的培养奠定基础。

第三，培养学生的自我适应能力和自我生存能力。在信息时代，知识量剧增，知识成为社会生产力、经济竞争力的关键因素；知识的更新速度加快，有效期缩短。另外，知识的高度综合性和各学科间相互渗透，出现了更多的新兴学科、交叉学科，由此带给人们难以想象的社会生活、经济生活和人类一切领域内深刻而广泛的冲击和影响。在这种科学技术、社会结构发生剧变的大背景下，自我适应能力、自我生存能力变得至关重要。学校教育中，这些能力可以通过综合学习、研究性学习予以培养。在综合学习、研究性学习中，信息技术的应用占有重要的位置，而信息技术与课程的整合是当前综合学习的主要形式。

综上所述，整合的目标是促进外语学科的教学质量，促进外语学科教学目标的实现。换言之，整合追求的是促进外语学科的教学质量，提高学生学习外语的效果和效率，而不是技术方面的目标。外语课程的总体目标是培养学生的综合语言运用能力。而综合语言运用能力的形成建立在学生语言技能、语言知识、情感态度、学习策略和文化意识等素养整体发展的基础上。整合目标对学生的基本要求为：有较明确的外语学习动机和积极主动的学习态度；能听懂教师有关熟悉话题的陈述并参与讨论；能就日常生活的各种话题与他人交换信息，并陈述自己的意见；能读懂相当水平的读物和报纸杂志，克服生词障碍，理解大意；能根据阅读目的运用恰当的阅读策略；能根据提示起草和修改小作文；能与他人合作，解决问题并报告结果，共同完成学习任务；能对自己的学习进行评价，总结学习方法；能利用多种教育资源进行学习，进一步加深对文化差异的理解和认识。整合就是要将信息技术的应用"毫无痕迹"地融合在课堂教学中，促进更好更快更多更省地完成上述任务和要求。只有在此基础上，才能追求发展性的培养目标（培养和提高学生的信息素养，不仅限于技术操作），将发展性目标统一在基础性目标的实现过程中，并与之协调发展，而不能本末倒置。

（四）信息技术与英语教学整合的条件分析

整合是需要条件的，要在以多媒体和网络为基础的信息化环境中实施。它不同于过去研究的视听技术支持下的多种媒体在教学过程中优化组合应用的整合，而是指学与教的活动要在信息化环境中进行，包括多媒体计算机、多媒体课堂网络、校园网络和互联网络等。当然，不应是为了用技术而用技术，而应在现有的条件下，充分发挥信息技术的优势为学生创造出理想的学习环境，促进教学方式、学习方式和教学结构等的转变。信息技术与大学英语教学整合的条件如下：

1. 语言学习环境的自然与真实

信息技术能够创设自然而真实的语言学习环境，集成性是多媒体技术的关键特性之一，它可以将文字、声音、图形、动态图像有机地集成在一起，并把结果综合地表现出来。与课本、录音带等教学媒体相比，多媒体计算机能提供更为真实、更接近自然的语言输入，提供情景性更强、更生动活泼的语言教学，从而激发学生的兴趣和学习动机。再加上多媒体技术与网络的结合不仅可以提供来源和表现形式多样化的外语输入量，而且还可以为学习者创造丰富、自然的目标语环境，让他们在真实的环境中学习和接受挑战性的学习任务，促进学习形态由低投入（被动型）转向高投入（主动型）。这对于学习者发现语言规律、建构自己的语言系统是非常重要的。

2. 丰富的资源有利于学生自主学习

多媒体与网络能够提供丰富的教学资源，引导学生自主学习。借助多媒体计算机和网络的海量存储每个学生都能很容易得到比以前任何时候都多的信息。各种新型教学资源补充、扩展了传统的教学资源，使学生获得了更多的学习机会。不仅如此，很多计算机软件还能够提供友好的交互界面，针对语音、听力、词汇、阅读、写作等语言技能提供练习任务，并给予相应的反馈和指导。通过人机对话的方式，学生可以自主地探究学习。这样，一方面可以扩大课堂的信息容量，从而增大训练的广度、密度和深度；另一方面也有利于因材施教和个别化的教学，更有利于培养学生的学习兴趣，使其找到获取知识的最佳途径，获得最佳的学习效果，这是传统的课堂教学所不能比拟的。另外，超文本技术实现了信息的非线性组织，各种信息之间有丰富的链接，构成了立体的信息空间。因此，学生可以按照自己的思路来学习，以更好地适应每个学生的学习风格和学习进度。借助这一潜在优势，教师和学生可以进行教学演示，让学生通过多种感官获得丰富的体验，而且可以对演示过程进行自主控制；促进知识的直观化和可视化，促进学生对知识的深入加工；获取丰富的、不同类型的信息，丰富、扩展对学习主题的理解；表现自己的感受、知识、见解等。

3. 素质教育能够得到更好的体现

计算机和网络使素质教育在外语教学中得到了更好的贯彻和体现。一方面，在计算机和网络所创设的真实、自然的语言学习环境中，学生不仅满足了个人兴趣，在生动活泼的氛围中感受和体验到了特定的语境和标准的语音、语调，从而更好地把握所学内容，还陶冶了情操，开阔了视野，了解了外国的风土人情和文化，进而提高了跨文化交际能力。另外，在和同伴的直接交流中，还可以发挥创造性思维能力和合作能力，让他们充分地学以致用，解决实际问题。另一方面，外语学习是多种感官的协同学习，掌握一门语言必然是听、说、读、写、译等方面能力的综合运用，计算机和网络不仅可以兼顾这些方面，而且可以达到比传统教学手段更好的效果，从而全面提高学生的素质。

二、信息技术与英语教学的课内整合

"课内整合教学模式"分类比较复杂，根据选用教学策略的不同，原则上可以分为自主探究、协作学习、演示、讲授、讨论、辩论、角色扮演等多种类型。其中，探究式教学模式是指在教学过程中要求学生在教师指导下，通过以"自主、探究、合作"为特征的学习方式对当前教学内容中的主要知识点进行自主学习、深入探究，并进行小组合作交流，从而较好地达到课程标准中关于认知目标与情感目标要求的一种教学模式。探究式教学模式的基本特征为：既重视发挥教师在教学过程中的主导作用，又充分体现学生在学习过程中的主体地位。下面对目前影响较大的信息技术的"课内整合教学模式"——探究式教学模式进行分析，探讨信息技术与大学英语教学的课内整合及其实现路径。

（一）建构主义理念下的探究式教学模式

建构主义教学观有别于传统的教学观。传统教学观认为，教育的目的是把前人所获得的知识传授给学生，师者只要传道授业便完成了使命，学生只是知识的被动接受者。建构主义教学观认为，学习过程是以自身已有的知识和经验为基础的建构活动，教师应该以此为终极教学目的，辅助学生完成知识建构。因此，基于建构主义教学观所设计的主体学习活动是动态的，设计中应充分考虑主体已有的知识积累和学习经历与经验。主体已经形成的人生观和世界观也会对知识建构产生影响，在教学活动设计的过程中也应该最大限度地考虑到学生在这方面所呈现的个体差异，在探究知识的过程中培养学生的批判性思维。对学生知识的评价体系应该建立在问题解决过程中，以学生对事物的理解和解决问题的能力作为衡量的标准。将传统的"教师决定式"或灌输式教学模式转化为开放式，使教学活动的每个环节都有学生主体的参与，良好的学习质量不仅有利于学生知识的积累，更有利于提升学生外化知识的能力。

建构主义学习观认为，学习不是信息简单地从外到内的单向输入，而是通过新信息与学习者原有的知识经验双向的相互作用实现的。因此，基于建构主义学习观的教学活动设计还应包括学习者与学习环境之间的互动。学习应该通过学习者的高水平的思维活动来实现，而不是简单沿着记忆的流程进行。学习者需要建构关于事物及其过程的表征，但这种知识建构不是原封不动地搬运知识，而是应用已有的认知结构对新信息进行加工而完成的。在这个知识学习、整合、内化过程中，每个学习者都以自己原有的经验系统为基础，对新的信息进行认知和编码，建构新的认知体系。在这一过程中，原有知识由于新经验的介入而发生调整和改变。因此，建构主义所倡导的学习，不再是教师向学生简单传递知识，而是学生主体建构自己知识的过程。学生不再是被动的信息接收者，反之，学生要在主动改造和重组原有经验的基础上建构新信息的意义，这种建构不可能由他人代替。学生学习的主要任务不再是对各种事实性信息的记忆、复述和简单应用，而是在教师指导下主动地、有意义地对外部信息进行选择和加工，收集并分析有关的信息和资料，进而对所学习的问题提出各种假设进行验证评价甚至批判。

基于建构主义理论的探究式教学过程以学生为主体、以学生发展为本、以教师为主导，无论是对教师还是对学生，都提出了更高的要求。这就要求学生必须保证课后的时间及精力投入。建构主义教学理念强调情景学习，目的之一就是让学生融入学习的情景中，主动观察、模仿情景中所隐含的知识与技能，进而培养独立思考的能力，以解决实际面临的各项问题。在建构主义理念下，作为探究问题的学习者要有一个由"边缘"到"核心"的转变，这个过程就是学生自主能力提升的过程，符合情景学习理论的边缘参与规则。探究式教学要求学生勤于思考、发表独创见解、有创新精神，要求学生课后不断反思，迫使学生形成反思能力，形成科学的学习方法。

学习方式是学生在完成学习任务过程中的基本行为和认知取向，学习方式是当代学习理论中的一个重要概念，它不是指具体的学习方法和学习策略，而是指学习者在学习过程中发挥自主性、探究性与合作性方面的基本特征。传统的学习方式把学习建立在人的客体性、受动性和依赖性的基础之上，而忽视了学习者的主动性、能动性和独立性。转变学生的学习方式就是要转变这种他主的、被动的和依赖的学习方式，倡导自主的、探究的与合作的学习方式，使学生的主体意识、能动性和创造性不断得到发展，并真正成为学习的主人。

高校应充分利用现代信息技术，改进以教师讲授为主的单一教学模式，使英语的教与学可以在一定程度上不受时间和地点的限制，朝着个性化和自主学习的方向发展。新的教学模式应体现英语教学实用性、知识性和趣味性相结合的原则，有利于调动教师和学生两个方面的积极性，尤其要体现学生在教学过程中的主体地位和教师在教学过程中的主导作用。教学模式改革的目的之一，是促进学生个性化学习方法的形成和学生自主学习能力的发展。新教学模式应能使学生选择适合自己需要的材料和方法进行学习，获得学习策略的指导，逐步提高自主学习的能力。为此，要在大学英语教学中推进以"自主、探究、合作"为特征的学习方式，从而改变传统的以教师为中心的教学模式。此外，要创新教育教学方法，探索多种培养方式，形成各类人才辈出、拔尖创新人才不断涌现的局面，为此要倡导启发式、探究式、讨论式、参与式教学，帮助学生学会学习，注重学思结合。

在英语教学过程中，教师要激发学生的好奇心，培养学生的兴趣爱好，为学生营造独立思考、自由探索的良好环境；同时，要充分发挥现代信息技术作用，促进优质教学资源共享，引导学生深入研究，确定不同教育阶段学生必须掌握的核心内容，形成更新教学内容的机制。在上述背景下，探究式教学模式为我国教育日益熟悉和接受，越来越多的高校教师开始将这一教学模式运用到不同学科专业课程教学的教学实践中。

探究式教学模式对传统的以教师为中心的单纯以讲授为主、学生被动接受的教学模式提出了挑战。教学模式的改变不仅是教学方法和教学手段的变化，而且是教学理念的转变，是实现从以教师为中心、单纯传授语言知识和技能的教学思想和实践，向以学生为中心，既传授语言知识与技能，更注重培养语言实际应用能力和自主学习能力的教学思想和实践的转变，也是向以培养学生终身学习能力为导向的终身教育的转变。探究式教学模式的学习对象（即学习主题）是课文中的某一个或几个知识点，这与课外整合模式中的研究性学习教学模式有着本质上的不同，因为研究性学习教学模式的学习主题总是围绕自然界或社会生活中的某个真实问题而进行。由于任何课程的教材都是由一篇篇的课文组成，而每篇课文又总是包含一个或几个知识点，这就表明信息技术与课程整合的几乎所有日常教学活动（包括各种不同学科的常规课堂教学活动）都可以采用这种模式。事实上，探究式教学模式目前已经成为能满足各学科常规课堂教学需要的、最有效也是最常用的课内整合模式之一。

（二）探究式教学模式的主要特点与实施

认知目标涉及与学科相关的知识、概念、原理与能力的理解和掌握；情感目标则涉及感情、态度、价值观与思想品德的培养。在实施信息技术与课程深层次整合的过程中，各学科知识与能力（如阅读、写作、计算、看图、识图、实验以及上机操作等能力）的培养，以及健康情感、正确价值观与优秀思想品德的形成，都可通过探究式教学模式逐步落实。

1. 探究式教学模式特点与优势

探究式教学模式的特点和优势具体表现在以下两个方面：

（1）确保学生的主体地位。根据建构主义理论，在探究式教学活动中必须确保学生的主体地位。换言之，学习是否有成效取决于学生在学习过程中的主体地位是否获得了保障。探究式教学模式因为采用"自主、探究、合作"的学习方式，所以在教学过程中特别强调学生的自主学习和自主探究，以及在此基础上实施的小组合作学习活动。一节课的教学目标主要靠学生个人的自主探究，加上学习小组的合作学习活动来完成。由于在此过程中学生的主动性、积极性、创造性都能普遍地得到比较充分的发挥，因而这种教学模式不仅可以较深入地达到对知识技能的理解与掌握，更有利于创新思维与创新能力的形成与发展，即有利于创新人才的培养。

一般而言，学生的主体地位可以通过一些角色得到体现，包括：第一，自主学习者；第二，探究发现者；第三，团体合作者；第四，积极参与者；第五，自我评价者；第六，观点分享者；第七，知识的生产者和思想的贡献者。以教师为主导，学生为主体的课堂是能够焕发生命活力的课堂，学生在这样的课堂中积极参与，表现主动专注，学习的目标性强。综上所述，"主导—主体相结合"的教学关系是探究式教学模式最本质的特征。这种教学模式的成功实施涉及两个方面，既要充分体现学生在学习过程中的主体地位，又要重视发挥教师在教学过程中的主导作用。

（2）重视教师的主导作用。尽管探究式教学模式主要采用"自主、探究、合作"的学习方式，在教学过程中强调学生的自主学习和自主探究，但是它并不忽视教师在教学过程中的主导作用，可以通过以下四个角色使教师的主导作用在整个教学过程中得到全面发挥：

第一，学习动机的激发者。探究式学习的对象要由教师确定。探究式模式的教学总是围绕课程中的某个知识点（即探究式学习的对象）而展开，到底是哪个知识点，不是随意确定的，更不能由学生自由选择，而要由教师根据教学目标的要求和教学的进度来确定。同时，教师应适度激励学生以极高的热情和主动性参与活动，如考虑学生学业素质、兴趣、需要，适时适度给予学生必要的个性化指导，营造相互信任支持和帮助的学习气氛，并鼓励学生全身心投入探究学习活动中。

第二，学生自主学习和协作学习的组织者。即教师要给学生提出若干富有启发性、能引起学生深入思考并与当前学习对象密切相关的问题。在学习的对象确定之后，为了使探究性学习切实取得成效，还须在探究之前选择或设计教学的探究策略，如根据具体情况采用"支架式"策略、"抛锚式"策略、"随机进入式"策略等，启发和引导学生进行探索、发现规律，帮助学生在自主学习中完成知识建构。同时，教师要设计多种交互形式，如竞争、辩论、伙伴合作、问题解决、角色扮演等方式，组织学生开展协作学习。

第三，学习环境和资源的设计者。在探究过程中教师要为学生提供多方面的帮助与指导，以便学生可以带着问题进行探究，这一过程固然是由学生个人或学习小组去实施完，但教师的作用也是必不可少的：教师应该为学生的探究活动设立积极的学习情景（如吸引、情景、学业三种内容的设计）、新旧知识的联系线索、帮助构建新知识、精选设计组织和传递学习资源，甚至需要提供有关的探究工具，指导和引领学生正确高效地使用相关的教学资源（如图书馆中的专业数据库），以及对探究式学习中的方法、策略做必要的指导。

第四，探究过程的评价者。探究过程完成后，教师要对学生的探究过程进行评价和反馈，帮助学生进一步总结与提高。按照探究性学习的流程，探究过程结束后一般要先由学生个人或学习小组做总结，教师一般不会直接给出总结。学生通过一次探究性学习虽然能取得不小的收获，但他们毕竟是初学者，总结起来难免有片面甚至错误之处。通过全班的讨论交流，集思广益，取长补短，在一定程度上可以克服这些片面甚至错误之处。但是如果希望全班学生都能对当前的学习对象由此达到比较深入的理解与掌握，即对所学的知识点都能从感性认识上升至理性认识，做到不仅知其然，而且知其所以然，还需要教师的帮助。教师毕竟对整门课程的内容和知识有比较全面透彻、深入细致的把握。

2. 探究式教学模式的实施步骤

探究式教学模式通常包含以下五个实施步骤：

（1）创设情景。创设情景不仅是教师教学主题的需要，也是激发学生的学习动机和自主探究动机的需要。教师创设情景的方法多种多样，可以设置一个待探究的问题，而此问题的解决须运用当前所学的知识；也可以播放一段与当前学习主题密切相关的视频录像、举一个典型的案例、演示专门制作的课件、设计一场活泼有趣的角色扮演。当然，所有这些活动都应有一个先决条件，即必须与当前的学习主题密切相关，否则达不到创设情景的目的。教师通过上述各种方法创设能激发学生学习动机和探究动机的情景，学生一旦进入教师创设的情景，就可在情景的感染与作用下形成学习的心理准备，并产生探究的兴趣。

（2）启发思考。在学生被创设的情景激发起学习兴趣并形成学习的心理准备之后，教师应及时提出富有启发性而且能涵盖当前教学知识点的若干问题，切忌提出一些有明显答案或明知故问的问题。让学生带着问题去学习和掌握有关的知识和技能时，这一过程也就是学生主动高效地完成当前学习任务的过程。在问题思考阶段，教师对于学生应当如何解决问题、利用何种认知工具或学习资源来解决问题，以及如何处理在探究过程中遇到的新问题等，都应给出具体的建议和指导；学生则要认真分析教师所提出的问题，明确自己所需完成的学习任务，并通过全面思考形成初步的探究方案。

（3）自主学习与自主探究。在实施这一步骤的过程中，学生要利用教师提供的认知工具和学习资源，或者利用在教师指导下从网上或其他途径获取的工具和资源，围绕教师提出的与某个知识点有关的问题进行自主探究。这类自主学习与自主探究活动包括：学生利用相关的认知工具去收集与当前所学知识点有关的各种信息；学生主动对所获得的信息进行分析、加工与评价；学生在分析、加工与评价的基础上形成对之前所学知识的认识与理解，即由学生完成对当前所学知识意义的自主建构。在学生进行自主学习与自主探究的过程中，教师应密切关注学生的学习与探究过程，并适时地为学生提供如何有效地获取和利用认知工具、学习资源及有关学习方法策略等方面的指导。

（4）协作交流。为了进一步深化学生对当前所学知识意义的建构，教师应在学生自主探究的基础上，组织学生以讨论的形式开展小组或班级内的协作与交流。通过共享学习资源与学习成果，在协作与交流过程中进一步深化学生对当前所学知识的认识与理解。教师在此过程中应为学生提供协作交流的工具，同时要对如何开展集体讨论、如何面对小组成员的分歧等协作学习策略做适时的指导，而且在必要时也应参与学生的讨论和交流，不能只做场外指导。协作交流的过程不仅是学生深入完成知识与情感内化的过程，也是学生了解和掌握多种学习方法的过程。

（5）总结提高。总结提高是实施探究式教学模式的最后一个步骤，其目的是通过师生的共同总结，补充和完善全班学生经过自主探究和协作交流之后，对当前所学知识的认识与理解方面仍然存在的不足，以便更全面、更深刻地达到与当前所学知识点有关的教学目标的要求。在实施这一步骤的过程中，学生的活动包括讨论、反思、自我评价、相互评价；教师的活动包括点评学生的学习情况、提出与迁移拓展有关的问题并创设相关情景、对当前所学知识内容进行概括总结，以帮助学生了解当前所学知识点与其他相关知识点之间的内在联系。对于提出与迁移拓展有关的问题，可以要求学生应用所学知识去解决某个问题，也可以要求学生应用所学知识去完成某件作品。

三、信息技术与英语教学的课外整合

信息技术的迅速发展，直接影响着传统的大学英语教学模式，也直接影响着信息技术与大学英语课程的课外整合教学模式。为此，进一步探讨信息技术与大学英语课程的课外整合模式——研究性学习教学模式的意义重大。

（一）建构主义理念下的研究式学习教学模式

建构主义提倡在教师指导下的、以学习者为中心的自主学习，此种学习既强调学习者的认知主体作用，又不忽视教师的指导作用。教师是意义建构的帮助者和促进者，而不是知识的传授者与灌输者；学生不再是外部刺激的被动接受者或被灌输的对象，而是对信息实施加工处理的主体，是意义建构者。建构主义提倡在教与学的过程中用系统分析、共识方法和深层阐释去分析和解决问题，旨在用"全新科学模式"取代传统的教与学的方法，注重用辩证的方法进行教与学。

1. "研究式学习"的主要内容

研究式学习是学生在教师指导下，从自然、社会或生活中选择、确定专题进行研究。在研究过程中学生主动实施获取知识、应用知识、解决问题的学习活动。研究式学习是以问题为载体，以小组合作为形式，在活动过程中创设一种类似于科学研究的情景，让学生通过自己收集、分析和处理信息，感受和体验知识产生和形成的过程，培养学生发现问题、分析问题、解决问题的能力。作为一种学习模式，研究式学习不同于接受式学习，它具有自主性、交互性、实践性、开放性等特征。设置研究式学习的目的在于改变学生以单纯地接受教师传授知识为主的学习方式，为学生构建开放的学习环境，提供更多的获知识的途径，鼓励学生将学到的知识进行整合、消化、吸收，最终应用于客观实践。在此过程中，教师还要注重培养学生的创新精神和实施能力。

2. "研究式学习"的特征分析

研究式学习是 20 世纪 80 年代末在我国教育界广泛推崇和实施的一种学习策略和学习模式。研究式教学是在建构主义教学思想指导下进行的一种教学和学习方法，要求在教学过程中，教师科学地指导学生以研究的方法进行学习，并在教师指导下，学生充分发挥潜能去掌握知识，运用知识解决实际问题。同时，研究式教学模式要求教师具有创新思维和科学施教的本领，引导学生主动去发现问题、分析问题、解决问题，培养学生创造性学习的能力。目前，研究式学习以其实用性而广受关注，但是研究式学习作为一种学习理念仍处于探索和发展阶段，对其理论指导意义及实践性还有待做进一步的系统研究，研究式学习主要有以下特征：

（1）强调学习的交互性。研究式学习具有互动性，这种互动性是由研究课题和研究方式交互作用生成的，不同的研究课题和研究方式会生成不同的研究内容。交互性体现为师生之间、学生之间的互动，教师和学生在互动中共同完成学习任务和学习内容的建构。

（2）强调学习的自主性。研究式学习强调学生的自主学习，学生通过自主学习来激励自己。学生可以根据自己的兴趣、爱好、个性、特长自主选择研究课题，自主进行课题研究，自主完成研究成果，自主交流与分享。在整个学习过程中，学生始终享有高度的自主性，学生是课题的提出者、设计者和实施者，而教师仅作为合作者、参与者、指导者和促进者存在。

（3）强调学习的开放性。研究式学习把学生置于动态、开放、主动、多元的学习环境中，打破了封闭式的学习状态，鼓励学生走出课堂，步入社会。这种开放式的学习，体现为活动过程、目标内容、问题解决、学习环境的开放性、多元性和动态性为学生提供了更多的获取知识的方式和渠道。

（4）注重学习的实践性。研究式学习以学生的直接经验为基础，以丰富学生的直接经验为归宿，让学生自己动手实践，在实践中学习，在学习中实践。在活动过程中，学生通过查阅资料、社会调查、亲手实验、走访、实地考察等多种途径，获得各种有价值的信息，收获直接经验和亲身体验。

（5）注重过程及学生的体验。研究式学习注重研究的过程，而不注重研究的结果；注重学生的意识、精神、创造性的培养，而不注重现成的结论。研究式学习以活动的过程作为个体存在与发展的基本形式，强调学习活动化活动过程化过程体验化。学生个体的发展不是被动接受，而是主动摄取，积极自主地完成建构过程。

（6）强调师生间的平等。研究式学习要求教师为学生创设轻松、融洽和愉悦的学习环境，使学生在学习过程中获得一个发现世界、探索世界的宽松环境让他们主动思考，勇于问，敢于想，善于做。师生关系平等有助于双方感悟彼此的思维方式及看待问题的角度，增进了解，互相促进，共同提高，共同进步。

（7）促进创造性与潜在性的统一。研究式学习与传统学习的最大区别就是其可以培养学生的创造性和创新意识。研究式学习是一个能动的创造性的学习活动，能够极大地激发教师和学生的创造热情，调动他们的积极性和主动性。学生注重的不再是死记硬背教师传授的知识或是从书本中寻找现成的"标准答案"，而是经过思考探究、综合运用相关理论知识，将理论知识与实践有机结合，充分发挥自己的想象力、创造力，寻求带有"主观能动性"的解答。研究式学习是具有主观能动性和创造性的学习，它能够帮助学生形成发散性思维，激发教师和学生的创造热情及学习的积极性和主动性。

（二）研究式学习教学模式实施的实施步骤

建构主义认为，学习是获取知识的过程，是学习者在一定的情景即社会文化背景下，借助他人（包括教师和学习伙伴）的帮助，利用必要的学习资料，通过意义建构的方式获得知识，而不是通过教师传授得到知识。建构主义教学实质上是一个研究和再发现的过程，通过不断研究和再发现达到学习的目的。要达到学习的目的，就要有科学的学习方法。

建构主义理论强调以学生为中心，要求学生身份由外部刺激的被动接受者和知识的灌输对象转变为信息加工的主体、知识意义的主动建构者，而且要求教师身份由知识的传授者和灌输者转变为学生主动建构意义的帮助者和促进者。这意味着教师应当在教学过程中采用全新的教学模式，摒弃传统的、以教师为中心的教学方法，采用全新的教学方法，运用全新的教学设计理念，创设适应建构主义理论需求的学习环境教学模式、教学方法和教学设计。建构主义理念下的研究式学习教学模式通常包含以下五个实施步骤：

第一，提出问题。在研究式的步骤中，教师通过创设问题情景激发学生学习与研究的兴趣，并由此引出当前研究式学习的主题——自然界或社会生活中有待解决的某个真实问题。

第二，分析问题。在分析问题的步骤中，教师应该先向学生介绍分析问题的方法，如由表及里、由浅入深、由近及远、透过现象看本质、客观事例归纳、换位思考、用两点论而非一点论看问题等诸多方法；然后，再根据问题的性质和研究的需要教给学生相关的研究方法，如问卷调查法、文献调研法、案例收集法等，并对研究式学习的策略给出具体建议与指导。由于研究式学习的对象是自然界或社会生活中的真实问题，一般都比较复杂，因此在此环节中，学生在"同化"与"顺应"过程中时，教师应随时给予学生引导和帮助。

第三，解决问题。解决问题这一步骤通常包括两个子环节：提出解决问题的初步方案和优化解决问题的方案。在这个环节中，研究式学习的研究主体，可以是学习者个人进行自由探索和自主学习，即"自我协商"；也可以是学习小组集体进行探索和研究，即"相互协商"。通常情况下，提出解决问题的初步方案这个子环节由学习者个人在深入分析问题的基础上自主完成，第二个环节——优化解决问题的方案通常是学习小组成员"会话"与"协作"的成果。

第四，实施解决问题方案。为了节约学习成本，在实施解决问题方案的过程中要注意两个方面：一要注意做好形成性评价，及时收集反馈信息，经常进行反思；二要根据真实问题的实施情况，随时调整或修正解决问题的方案。

第五，总结提高。研究式学习的总结包括个人总结、小组总结和教师总结。小组总结应以个人总结为基础。教师总结应以个人和小组总结为基础，教师需要帮助学习者把对客观事物的认识由感性上升到理性，丰富与完善他们对科学概念与原理的认识，培养学习者全面、系统、完整地认识和理解问题的能力，使每位学习者都能做到知其然，更知其所以然。

总而言之，研究式学习是对建构主义教学方法中抛锚式教学法的发展与完善，是建构主义理论广泛应用的产物。开展研究式学习，需要建构主义理论的指导，反之，研究式学习实践又会进一步完善建构主义理论体系，并为建构主义理论广泛应用提供实践经验。

（三）研究式学习教学模式下的英语教学探究

以内容为依托的研究式学习一改传统教学模式的教师主体地位，激发学生的主体意识，使学生从始至终积极参与学习。由于研究式学习注重学习过程，学习过程中学生持续进行"联系"与"思考"活动，把"新""旧"知识进行"同化"和"顺应"，结果是学生的创新思想和思辨能力得到强化，形成多视角、多元化、自主性的思考习惯。开展研究式学习需要学生之间相互分工与协作，通过课内外的协作性学习，学生的团队合作意识得到加强，人际沟通能力得到提升这些能力的养成对于学生毕业之后尽快融入社会环境、建立良好人际关系、顺利开展工作是十分有益的。研究式学习教学模式下的英语教学需要注意以下方面：

1. 教学观念转变与教师角色定位

研究式学习教学模式与传统的以教师为中心的教学模式有很大不同，其强调以学生为中心，提倡学生在教师指导下的自主学习。要改变学生的学习方式，就要求教师的教育观念和教学行为必须转变，这是开展研究式学习的前提。为此，教师需要重新调整自己的角色，与学生建立平等的关系，为学生创设宽松、自由、民主、协作的学习环境，这是取得良好学习效果的保证。教师要把学生置于学习的主体地位，树立服务于学生的意识，创设能够引导学生主动参与的学习环境，激发学生的学习积极性。教师在备课过程中也应该时时想着学生，从学生的水平、视角出发设计问题，引导学生开展学习研究。研究式学习对教师备课质量、内容要求更高，教师备课的重点是"备学生"而不是"备书本"。

2. 学生的中心地位与自主学习

为了确保研究式学习的顺利进行，教师在教学中要做到以学生为中心，不断提高学生自主学习的能力，对学生有全面细致的了解，这样才能在学习过程中从各个层面为学生提供细致入微的引导和帮助，对学生的研究式学习给予充分的支持。例如，可以根据学生运用英语交际的能力和语言水平，把全班学生按照英语语言水平进行分组，确保每个小组的语言水平基本相近，各组内学生的语言水平高低基本平衡，这样做的好处是有利于后续自主性研究学习顺利开展。研究式学习方式能否取得成功在很大程度上取决于教师对学生的了解程度。以学生为中心还体现在每个学生在学习过程中受到关注与帮助的多少。研究式学习方式适合于小班授课。如果班级过大，学生数量过多，就难以保证每个学生都有平等的机会参与到同一个教学内容的全部探究过程，容易在学生中形成"中心"和"边缘"地带。这是因为学生的语言和知识水平存在差异，好学生在学习中会表现得更加积极主动，这势必会造成水平较低、性格内向的学生成为研究式学习中的"看客"，使他们在研究式学习中被"边缘化"。如果把班级人数控制在合理的范围，这一不良后果就可能会避免。

3. 教学机制与学习资源配套建设

研究式学习教学模式的推广和完善是一个系统工程，这一教学模式的确立不但需要任课教师的参与和投入，也需要学校其他管理部门的支持和配合。从课程体系的角度看，开展研究式学习要以研究式课程体系的确立为前提，因为研究式课程是研究式学习方式的载体。确立课程体系要明确研究式学习的首要目标是培养学生的创新意识和自主学习能力，强调知识学习的综合性、过程性、创新性和应用性。从教学评价的角度看，研究式学习需要建立配套的形成性和过程性评价体系，注重对学习者实际能力和综合素质的考查。从研究式课程的内容看，课程提供的知识应具有交叉性、前瞻性和多元性等特点，这就要求教师具备丰富多元的知识结构，通常在精通一门专业的基础上还要再精通一门外语。教学模式的多元性、开放性要求教师在内容选择、时空安排、资源配备、研究方法等方面要为学生提供更大的灵活度。可见，建构主义理念下的研究式教学对教师的素质和教学基本功提出了更高的要求。

为了提高教师的综合素质与教学能力，要鼓励英语教师开展研究式学习的教学实践，聘请专家学者对教师定期进行培训，挖掘多种渠道让教师走出校门、接触社会，接触生活，开阔眼界，掌握学科发展变化的前沿性信息，拓展研究式学习的资源和渠道。建构主义理念下的研究式教学模式非常重视学习环境的创设和学习资源的开发，提倡信息技术与课程的整合。为此，教师要掌握相应的专业知识和现代信息技术为学习者提供研究式学习所需要的情景资源、信息资源、研究手段。在研究式学习的教学过程中，教师要具有信息安全意识，注意引导学习者区分信息的优劣，取其精华，去其糟粕。

信息化的教学需要现代科技的支持，而校园网络、多媒体和计算机系统等硬件学习条件的创造，需要学校教学管理部门的配合与支持。此外，教学管理应该从教学目标、教学模式和评价体系等方面推进教学改革，制定相应的考核、奖励机制，鼓励教师进修学习，更新专业与相关技术知识。教学管理者应该具有可持续发展的眼光，和在职教师协商制订周全详尽、切实可行的进修学习计划，尤其要积极倡导和鼓励教师开展跨学科学习，提高教师的教学科研水平与综合素养，以适应研究式学习过程中不断出现的新需求，使教师能够在教学中为每一个学习者提供科学正确的引导和帮助。

总的而言，面向非英语专业学生开设专业英语课程，是高等教育改革的一项重要内容和发展趋势，它顺应了经济全球化和高等教育国际化的要求，它既是大学专业课程国际化的一种形式，也可以被看作是对大学英语教学模式的革新与发展。目前，英语作为国际通用语的作用已经显示出来，开设专业英语课程的目的就是将专业内容的学习和外语学习有效结合起来，通过学习原版教材和专业领域相关的英文资料，为学生提供接触专业英语的平台，使学生了解专业前沿学科的发展状态，同时增强英语的实际运用能力。以专业内容为依托，以英语为媒介语的学习方式，能够有效帮助学生掌握搜集和利用第一手研究资料的方法，开阔学术视野，培养创新思维，提高思辨能力，发展自主学习能力，并最终使他们成长为社会需要的复合型、创新型、高素质的国际化人才。

四、信息技术与英语教学的整合发展

当今时代下高校需要不断更新自己的教育观念，真正地把握好多媒体信息技术的使用尺度与方法，把多媒体信息技术有效地引入到英语课堂教学之中，提高我国英语教育教学的质量和效果。大学英语教学应适应教育信息化的发展要求，基于"互联网+"时代背景，促进教育信息技术与高校外语实践教学的深度融合，提高高校外语课堂教学质量，提升高校外语教师的信息化教学素养，培育大学生的外语综合应用能力和跨文化交际能力，加快高校外语实践教学的信息化进程。高校可以结合外语教学实际，从政治学、心理学、计算机科学、经济学、教育学等多学科、多角度入手，创新信息技术与高校外语教学融合发展模式，促进高校外语实践教学的信息化改革，推动"互联网+教育"教学理念的落实应用，为丰富完善信息化教育教学理论、高校外语实践教学理论、线上线下教学理论等提供理论支持。信息技术与大学英语教学的整合发展可以从以下方面探讨：

第一，人工智能技术给高校英语教学带来新变革，针对传统英语教学存在语言知识化、内容生活化、课堂格式化等不足，高校可以通过应用人工智能模拟人类智能的特殊计算机技术，发挥其高度感知能力、思维能力、学习能力及行为能力，推动高校探索自主引入智能化、现代化校园网络教学平台，搭建科学高效的英语阅读、听说、教学和评价系统，实现人机交互、为英语教学提供个性化、多样化教学内容和辅助工作，能有效提升学生英语自主学习能力，大幅提高教师智能化、现代化教学能力，创建智能化校园环境，

第二，依托"互联网+"融入课前课中课后各环节，构建大学英语课程思政课堂教学新模式。通过教学模式的重构和探索，借助新媒体、新技术，将英语教学和课程思政紧密结合，通过课前精心准备教学任务、课中实施线上互动教学、课后延伸开展第二课堂教学、线下答疑解决学生问题、完善科学评价反馈机制、实现大学英语与课程思政深度融合等方式，有助于完善大学英语教学模式，革新课程设计，创新评价方式，发挥融合效应，深化"互联网+大学英语课程"创新教学模式。

第三，引入手机 App 应用于英语教学听说课程，拓展学生自主探究英语听说学习的新选择。充分发挥"趣配音"等 App 便捷性、交互性和趣味性的特点，同时有效发挥教师的主观能动性，加强引导和监督，从海量的网络学习内容中选择合适有效的学习内容，将学习内容与教学课程教材紧密结合起来，完善听说教学课程体系。改善评价机制，借鉴但不拘泥于手机 App 的评分模式，采取线上+线下相结合的多元化、开放性的评价模式，对学生的听说学习情况进行客观全面的分析，保证评价公平公正。

第四，引入供求理论，对学生学习英语心理和解决方式进行新解读。不同学生学习英语的困难也不同，体现在基础的语法表达上，思维方式的不同、文化背景的不同等。关注学生的学习障碍，减轻学生的学习负担和学习困难，是教师应该予以高度重视并加以解决的问题。探索根据供给–需求理论，依托移动互联网技术优势，加大对英语教学资源、互动教学模式、积极反馈方式、人文关怀等供给力度，加强对学生的关心和爱护，有效满足学生的心理需求，激发其发现、探究、解决问题的能力，引导其积极学习英语、积极成长的心理特征，才能有效提升学生英语学习效果。

第五，整合各类移动互联技术，凝聚新旧资源合力，在教学实践中搭建英语移动学习新平台。客观分析微信、移动 App、校园局域网等技术的优势和不足，将新媒体、移动互联技术与传统校园局域网、语音教室进行有效衔接，提高传统校园局域网、语音教室利用效率，节省教学支出，充分利用微信群的资源共享、学习分享、实时问答功能，移动 App 的实时反馈功能，校园局域网自主学习系统和监测系统的教学控制和测试功能，在教学实践中巧妙将三方面的优势和特色进行完美整合和适度创新，有效发挥移动教学平台的作用和效果。

第六，互联网信息技术与大学英语教学完美契合，提供大学英语教学模式改革新途径。针对目前大学英语教学模式单一、学生兴趣不足、考核机制不科学等实际问题，通过将互联网信息技术的优势和大学英语教学的特点紧密结合起来，充分发挥互联网技术互动性强、传播力广、趣味性足、反馈及时的优势，更好地服务英语教学，有效改变传统的教学模式，极大丰富海量教学资源，改善教学方法和手段，优化教学模块设置和输出，激发学生学习兴趣，创设良好的线上+线下英语学习环境，实现英语教学效果明显提升。

第七，探索多层多维互动的教学模式，实现培养学生输出能力的新目标。依托"互联网+"技术，改变课堂单向授予模式、学生学习功利化、课程设置固化僵化等问题，构建大学英语 EGAP 一体化课程体系的双向教学目标，探索开展"POA+PAD"理论指导下的大学英语混合式教学，实现授课模式向互动教学转变，学生实现英语技能全方位提升、实现听说读写译多方面发展，学校实现多元化课程设置、全方面提升，向多元、多层次、多维度发展转变。

第八，构建素质培养、目标调整、内容融合、方法创新和评价优化"五位一体"教学实践新体系。从教学主体、教学目标、教学内容、教学组织和评测体系入手，探索通过"互联网+课程思政"模式重构大学英语课程，推动教师发挥示范榜样作用，不断完善自身素质；瞄准全方位育人的目标，培养学生正确的人生观、价值观；把社会主义核心价值观融入英语教学中去，将思政元素与英语教学深入融合，充分剖析英语语言表象下所蕴含的思政内涵和人文精神、家国情怀，发挥协同效应；应用移动互联网、云技术搭建交互式教学平台，利用中、短视频等新的技术工具，通过建立微信公众号、微信群、微课等自媒体开展线上教学，实现移动互联技术对传统教学的解构和重构；完善学生评价机制，向人文素质、社会责任感、团队协作能力等多维度延伸，构建科学合理的评价体系。

第二节　现代信息技术生态环境下英语课堂教学的优化

网络信息技术时代发展趋势下，人们的生产生活方式逐渐发生着变化。随着智能化设备设施和科学技术水平的跨越式发展，人们可以通过多元化的智能渠道获取一定的信息资源。与此同时，现代信息技术载体形式的发展，例如手机客户终端、计算机平台、平板设备等，成为影响人们生活与工作的重要工具。作为影响大学生就业发展的重点学科专业，英语是展开高校课程教育工作的重要组成部分，其教学水平直接影响了学生学习效果与技能发展水平。现代信息技术时代下，对教学工作者提出了更高的要求，要求其通过开展不同层次的教学途径，促进大学英语课堂教学的优化发展。因此，从现代信息技术生态环境角度，探究大学英语课堂教学发展路径具有积极的教育意义。

教育生态为教与学和生态学融合体，其基于生态学核心概念于教育教学中，并通过教育环境间的相互作用及其规律，进而对教学发展现象进行综合的分析与研究。教育生态围绕生态系统和生态平衡，其从属于社会系统，既与外部环境相互联系又表现出特有的独立性，外部环境、教师和学生为教育生态系统的三个主体因素，三者之间的生态平衡关系，称之为"生态平衡"。大学英语课堂教学从属于微观生态系统，其主体因素为教师与学生，外部环境为教育教学的硬件设备设施等。大学英语课堂教学的总体特征集中体现出生态系统环境的"整体性"，整体内的部分之间相互作用影响，某一主体因素发生变化会影响其他部分因素随之改变，如教师创新发展课堂教学方式，会直接影响课堂教学效果和学生的学习热情，完善课堂教学设备设施条件或者课堂教学环境，可以从根本上保障教师课堂教学质量，为深入展开课堂教学提供坚实的物质基础。大学英语课堂教学的"生态平衡"问题，其一直处于平衡与失衡之间的调整循环中，生态环境下大学英语课堂教学的"平衡"是指三个主体因素间的高度协调性，与社会科学技术相呼应，大学英语课堂教学应网络信息化发展要求，以网络多媒体环境为依托，构建新型大学英语课堂教学模式，进而使得大学英语课堂教学始终处于一种"平衡"状态。相比较而言，失衡是指外部环境、教师和学生三个主体因素间没有形成协调统一的状态，三个主体因素之间互不匹配。在大学英语课堂教学中应用教育生态原理探究分析大学英语课堂教学的生态平衡关系，对优化大学英语课堂教学有重要的指导意义。

现代信息技术生态环境下英语课堂教学优化主要有以下途径：

一、现代信息技术生态环境下英语教学整合

大学英语课堂教学在现代信息技术生态环境背景下的深化改革，应充分利用信息技术的技术先进性特点和生态系统的整体平衡性特点，充分开展大学英语课堂教学的生态化教学模式，构建生动、趣味性的信息技术生态化英语教学环境。

第一，可以在大学英语课堂教学中深入贯彻多元化的生态型教学理念，以生态教育学为导向，将信息技术与课堂生态性充分结合起来，力求从全新教学视角，实现二者的有机整合，充分提升课堂教学整合力度。

第二，构建现代信息技术化课堂教学平台，促使师生的信息素质与操作实践技能得到全面提升。

第三，建立健全大学英语课堂教学体系，与时俱进、开拓创新，根据社会发展需求和教学优势条件进行个性化教学改革，实现复合型教师与学生的双向培训。

第四，高校应充分利用现代化信息技术条件，深入贯彻信息教育教学理念，通过展开多元化的信息化教师培训工作，构建大数据、人工智能化和数字化的全方位大学英语课堂教学的生态化整合路径。因此，改变传统教学模式的粗放式大学英语课堂教学模式，构建以现代信息技术生态环境下的资源集约型和开放式教学模式，进而通过现代信息技术与生态教育学相结合的课堂互动方式，全面提升教学质量。

二、现代信息技术生态环境下英语课堂教学的教师角色

基于教学生态学将现代信息技术与大学英语课堂教学相结合，注重教育生态学下个体之间的竞争排斥与生态关系。现代信息技术生态环境下教师应做好以下工作角色：

第一，大学英语课堂教学资源的筛选者。教学生态中的杂乱资源无法保障有效的整体

课堂纪律，对教育教学产生了一定的困扰。因此，教师应充分发挥指导因子的作用，充分利用并整合优势英语学习资源，并率先辨别信息资源对提升课堂教学质量非常重要。

第二，作为课堂教学的合作者。在大学英语课堂生态环境下，教师和学生是两个相互制约和影响的因子成分，如果英语课堂教师缺乏必要的主体互动，教师占用过多资源，不利于生态位的幅度，学生在课堂生态圈下无法实现健康成长。大学英语教师应充分利用学生的课堂主体地位，引导和辅助学生完成英语课堂教学任务与计划，例如：通过展开多元化的网络多媒体教学增强英语对话练习的课堂教学质量。

第三，实时教学评估的执行者。现代信息技术生态环境下，展开多元化的英语课堂教学评价，合理利用多元化评估杠杆，实现动态性综合考评。大学英语生态化课堂教学环境渗透现代信息技术，在原有成绩测评基础上，增加作业完成效率、学习潜能和学习态度等评定因素，充分利用现代信息实时在线交流沟通和记录查询功能等，实现个性化的评价体系。这种基于现代信息技术生态环境下的大学英语课堂教学，通过分层次辅助教学模式，共同打造了生态和谐型师生"教与学"生态圈，对促进学生的个性化发展奠定了良好的基础。

三、现代信息技术生态环境下构建立体化英语课堂教学模式

现代信息技术生态环境下构建立体化教学模式为扩展教学资源提供了坚实的基础。传统大学英语课堂教学受到时空的限制，学生获得教学资源主要来自教师传授和教材课本。现代信息技术与生态教育学相结合，无疑增加了教学资源的传播方式、存储与转化途径的多样化，结合教材、网络多媒体资源、第二课堂教学，与时俱进地为大学生提供更加丰富的立体化教学资源。大学英语教师团队可以根据教学目标与计划编写符合学生需求的教材资料，并配置与之相对应的教学光盘。通识相融合，为学生制作课件、微课、慕课等网络教育资源，并且将网络资源纳入互联网平台中，供学生观看，实现学生自主学习模式。

另外，在课堂教学中，教师以问题为导向，帮助学生解决预习中的困惑，促进学生进一步掌握知识，之后为学生开展探究性、实践性、讨论性教学活动，增强学生教学参与形式，使学生在教学活动中有所感悟。同时，教师有效地运用互联网教学知识，实现课前导入教学模式，能够将学生快速地吸引到教学氛围中，提升针灸推拿专业教学质量。有效地运用互联网教育资源，学生对互联网教育资源提前学习，对开展课程知识提前掌握，有助于学生融入实践教学活动、实训教学活动、校企合作教学活动中，使学生在实践教学活动中更好地运用知识，进而培育学生职业能力。

综上所述，通过为学生开展针灸推拿专业实践教学课程，使学生将专业课程知识更好

地运用到实践中，增强学生实践能力与知识运用能力，使学生在实践中更好地理解课程知识内容，进而全面掌握课程知识。因此，在设置针灸推拿专业实践教学体系中，根据学生发展需要，结合课程知识，为学生设置理论教学、实践教学，明确人才培育目标，为针灸推拿专业实践教学设置指明方向，带动学生学习热情，进而增强学生实践能力。

第三节　现代信息技术在英语教学及教师发展中的应用

互联网的广泛普及，推动着信息技术的快速应用，将互联网信息技术应用在大学英语教学中，可以改变传统大学英语教学模式，并提高学生的学习兴趣，当前我国大学英语教学由于深受传统教育模式的影响，因此就必须加强和改革大学英语教学模式，通过抓住现代信息技术革命带来的契机，在大学英语课堂上广泛采用多媒体和网络等现代信息技术，从而能够促进新教学模式的有效运用。

大学英语老师在运用现代信息技术教学时，必须充分掌握和了解现代信息技术的同时积极利用现代信息技术发展自己。通过充分利用多媒体和互联网等手段，在课堂教学工作中开展专题研究、咨询和磋商，大学英语老师根据相关的重要网站，可以提升自己，如专业门户网站、专业协会网站、学术期刊网站、学术数据库以及在线词典等百科全书。专业门户网站，是一些组织和个人收集网上资源并进行分类的网站，该网站通过不断更新和维护，提供较多的英语教学资源。而专业协会网站中，随着互联网的普及，越来越多的英语组织也逐渐加入了专业协会网站中，针对相关的英语学术会议、活动安排等情况，提供虚拟的会议形式、论文提交和会者采访等。

现代信息技术在大学英语课堂教学和教师发展中的应用主要从以下方面探讨：

第一，在备课阶段和教学阶段中的信息技术应用。在大学英语教学中开展多媒体教学方式时，备课阶段是非常重要的基础部分，并且该过程中对教师的教学水平和专业水平有着严格的要求。因此教师不仅需要具备足够的专业知识水平，同时也必须掌握丰富的计算机操作能力，才能实现对课本知识内容的有效总结和备课，从而使教材内容技能保持着传统教学课本中的优势，也能更好地体现教师的教学风格。所以，在课件的制作过程中，教师必须根据学生的知识掌握水平对英语内容进行适当的拓展和延伸，才能更好地锻炼学生的思维能力和逻辑能力，而教师在对课件内容进行详细的检查和反复的查阅后，还能避免学生因为知识的混乱而难以形成有效的英语知识体系。

在教学阶段，英语老师做好备课准备后，必须对课件内容进行再次深化理解，并通过锻炼语言组织能力的表达，促使教师合理的分配英语教学时间对课件知识内容的深入讲解。借助多媒体设备，能够使学生在对英语知识的理解中做到更多的笔记内容，也能使学生对课堂内容的讲解进度按照自己的需求进行调节，从而完成对英语知识的正确掌握和理解，并根据自身的学习效果和方式调节课件信息内容，满足不同学生对英语知识的掌握能力。为了避免由于教学语速过快而造成学生难以对教学内容掌握，师生之间还可以采取多方面的立体式交流和沟通，不但可以促使学生对英语知识的充分掌握，也能塑造良好的师生关系，这对培养学生和建立良好的自主学习能力以及创造性思维有着重要的推动作用。

第二，在英语教学阶段提供可靠的保障。在大学英语教学阶段，英语老师必须制订出完整的教学备课计划，同时英语老师还要对课件内容进行梳理，并找出英语知识中的重点内容和难点内容。经过英语老师的精心安排以及合理分配时间的方式，实现对英语课件内容的讲解，而在整个英语课堂的教学过程中，英语老师通过积极利用网络技术的方式，借助网络播放相关的英语知识，实现将英语难点和重点知识的快速讲解。现代信息技术的特点就是拥有强大的教学优势，使学生在英语学习的过程中遇到难以理解的知识时，借助视频的方式通过直观的方法掌握这些难点和重点知识内容，有利于避免课堂教学中，学生对抽象性知识的难以掌控。而英语老师在课堂教学中，还可以根据不同学生的知识水平和能力进行分层划分，并开展适应性的联系，只有不断调整学生的学习状况，建立并培养出学生独立走上课堂的能力，才能更好地反映出学生的学习实际情况，这对促进和培养学生英语沟通交流能力，都有着非常好的效果。

第三，采取以教为辅的方式为学生的学习提供辅助和指导。现代信息技术对大学教师的发展中，可以培养出高素质的教师人才，为新一代的英语教育能够树立起学而教的教学理念。通过利用多媒体技术的启迪思维，有效组织大学英语课堂互动和交流能力，对培养学生的知识运用和创新思维能力有着良好的效果。例如，在大一英语 Unit5：A Miserable And Merry Christmas 的课堂教学中，通过对课文进行整体的理解和分段讲述后，使学生观看 PPT 时欣赏西方与东方节日的差异性，对引导学生展开英语内容进行发散思维。同时，老师还可以组织学生收集不同的课堂资料进行互相交流传阅，对提高大学英语课堂氛围有着良好的效果。在借助多媒体手段进行英语教学时，需要有机地融合知识的传授力度与吸收、理解、消化能力，采取小组讨论的方式，使小组学生的学习优势得到充分拓展，从而提升小组的整体水平，根据教材内容，学生与老师之间进行交流互动时，培养学生的认知规律中，需要老师在教学规律的认识下指导学生学习，在英语课堂使用英语进行交流，这种交流方式在英语中被称为 Teaching is of communication by communi-cation and for communication。

第四，将个性化教学和课堂教学相结合。英语老师在日常的课堂教学中，除了课堂的教学工作外，还有责任帮助学生培养课堂外的自主学习能力。英语老师根据学生的学习兴趣和特点，利用电子邮件的方式有针对性地引导学生完成课外的作业内容，实现学生课外学习水平的提升，同时英语老师还可以开展网络问卷调查的方式，及时反馈信息了解学生的相关学习动态，采取因材施教的方式，使学生在大学英语学习中有着更加丰富多彩的学习活动。同时，大学英语老师通过积极鼓励学生利用课余时间学习并设计网络课件的方式，在手动脑动的参与过程中寻找出学习的乐趣，在这个过程中，将网络课件的设计与学生的学习结合在一起后，可以做到真正意义上转变教师教学和学生学习的目的。整个课堂上，推动学生带着自己设计的相关课件问题，与老师展开讨论，并在讨论中发现问题，提出问题和解决问题，直到最终找到满意的答案后，使学生在英语学习中变得更加快乐。

第五，加强英语老师备课准备工作。在大学英语课堂教学中，英语老师的备课工作是非常重要的教学环节，同时也是利用现代信息技术的重要一部分。只有英语老师做好充足的备课准备，才能更好地将英语教学目标融入整个教学环节中，但英语备课工作对英语老师的教学综合水平有着很高的要求，只有英语老师熟练地掌握相关教学内容和重点知识，才能做到对英语知识有效的归纳与总结。大学英语老师可以利用网络云班课平台进行课件的准备工作，并提前公布相关课程的主要内容，通过这些视频学习的资源，有效带动学生的学习能力，而学生在观看过这些视频资料后，还可以更好地掌握每节课的学习任务量，对提高学生的学习能力有着重要的帮助。为了更好地保留教材课件中的重点内容，同时也为了体现出教师的相关教学风格，在英语课堂教学中，英语老师就要重视教学内容的扩展和延伸，并充分发挥出学生自身的思维能力，对构建良好的英语教学知识体系结构以及教学质量的提升都能够做出充足的贡献，对提高英语教学能力以及促进自身水平的发展有着良好的帮助效果。

第六，将应试教育和自身素养相结合。在传统英语教学中，通常都是采取题海战术的方式提高学生的英语水平，最后通过考试的方式判定学生英语掌握能力，这种学习和检测的方式，虽然具有一定的效果，但却不能完全反映出学生对英语知识的掌握能力。而英语老师利用多媒体设定出标准、全面、客观以及准确的评价方式，有利于更好地引导学生选择适合自己的学习策略，利用现代信息技术，在课堂教学前，英语老师设计好对应的题目，并用PPT的方式进行集中演示操作，可以从知识的不同层次帮助学生巩固所学的英语知识。然而英语学习不仅是为了应对考试，其主要目的是更好地与他人的交流，良好的口语交流能力，从而推动时代的发展以及社会的进步，在和其他学科知识的结合中，针对发现的问题提出解决方法，有利于培养出一名合格的外语复合型人才。

第四节　基于现代信息技术的英语多元化形成性评价教学研究

教学评价是大学英语课程教学的重要环节，全面、客观、科学、准确的评估体系是检验大学英语教学质量、推动大学英语课程建设与发展的重要手段，对教学有着强大的反拨作用。教学评价不仅包括以标准化考试为代表的终结性评价，也包括以学习为目的、注重学习过程的形成性评价。

随着信息技术的发展和大学英语教学理念、教学方法的日益更新，越来越多的高校意识到学生的学习评价不应局限于对期末考试的评价，而是要更多关注学生的学习过程，因而不断提高形成性评价的比重。然而，在实施过程中形成性评价却仍然以量化的测试成绩为主要衡量标准，而并未对学生的学习素养、创新意识和实践能力等方面有较多考查，从而使形成性评价流于形式，未能达到应有的效果。因此充分利用现代信息技术的有利条件，在教学过程中开展多元化的形成性评价，不仅顺应了信息技术与教育教学深度融合的潮流，也为教学评价研究带来新的思考。

基于现代信息技术的多元化形成性评价模式以现代信息技术为强大的条件支撑，实现评价主体、评价手段和评价内容的多元化。

第一，评价主体。在多元化形成性评价中，评价主体由原来的教务处或教师，转变为教务处、教师、学生、同伴、网络平台等多元评价主体，学生作为评价主体不仅能够体现以学生为中心的教学理念，还能增强学生的自我评估能力和学习积极性。

第二，评价方法。"多元化形成性评价的评价方法不仅仅局限于出勤、作业、测试等量化手段，还包括教师观察记录、学生在网络自主学习平台的学习记录、小组任务、学生自评报告、学生反思日志等。"①

第三，评价内容。传统的终结性学习评价更多的是对学生的学习态度、学业水平和学习效果进行量化评价，评价内容单一、片面，无法真正通过评价激发学生学习的积极性，从而达不到以评促学的目的。多元化的形成性评价不仅关注学生的学习能力、学习效果等

---

① 朴淑慧. 基于现代信息技术的大学英语多元化形成性评价教学实践研究 [J]. 校园英语，2021（44）：15.

技能目标，更关注学生学习过程中的学习意愿、学习策略、合作创新意识、跨文化意识等情感目标，从而使教师全方位地了解学生的学习状态，督促和激励学生，长久保持学生的学习兴趣和热情。

第四，评价过程。多元化形成性评价充分利用了现代信息技术，设计与教学活动中的各个环节相适应的评价维度和方式，对学习者各个阶段的学习表现进行全面客观的评估。

参考文献

［1］曾淑萍. 大学英语阅读教学中支架教学模式的应用研究［J］. 邢台学院学报，2020，35（2）：125.

［2］陈福雨. PBL 教学模式在大学英语阅读中的应用研究［J］. 潍坊工程职业学院学报，2022，35（5）：44.

［3］陈君均. 新媒体环境下大学英语阅读教学策略探析［J］. 吉林广播电视大学学报，2019（8）：12.

［4］丁艳. 谈谈英语阅读［J］. 黑龙江科技信息，2008（35）：295.

［5］方健壮. 大学英语［M］. 广州：中山大学出版社，2017.

［6］龚英君. 浅谈大学英语中的交互阅读法［J］. 伊犁师范学院学报，2006（2）：125.

［7］郭成，高淳海，郑雁鸣，等. 论语文阅读的内涵与理念［J］. 齐鲁师范学院学报，2011，26（1）：22

［8］何彬. 线上线下相结合的大学英语混合式教学模式探究［J］. 英语广场，2022（6）：102.

［9］贺亚男. 大学英语阅读及写作教学研究［M］. 成都：电子科技大学出版社，2015.

［10］贾欣，靳鹏祥. 新媒体环境下高校英语阅读教学策略探讨［J］. 英语广场，2022（29）：121.

［11］江婷婷，张磊. 现代信息技术生态环境下大学英语课堂教学优化研究［J］. 山东农业工程学院学报，2020，37（4）：167.

［12］李红. 英语阅读理论与实践［M］. 北京：国防工业出版社，2011.

［13］李晓艳. 大学英语阅读中学习策略使用情况的调查研究［J］. 四川外国语大学学报，2006（6）：137-141.

［14］刘森. 影响大学英语学生阅读成绩的因素研究［D］. 哈尔滨：黑龙江大学，2009：21-24.

［15］卢欣. 大学英语翻译与阅读交互教学模式探索［J］. 海峡科学，2018（9）：94.

［16］吕玮. 教学创新与大学英语阅读能力的提升［J］. 教育评论，2013（3）：108-110.

［17］聂新元. 大学英语阅读中跨文化交际能力培养的教学策略研究［J］. 吉林广播电视大学学报，2022（3）：98.

［18］朴淑慧. 基于现代信息技术的大学英语多元化形成性评价教学实践研究［J］. 校园英语，2021（44）：15.

［19］陶亚宁. 现代英语阅读与多模态教学融合研究［M］. 天津：天津科学技术出版社，2020.

［20］王丹. 英语阅读教学理论与实践［M］. 北京：知识产权出版社，2018.

［21］王笃勤. 大学英语阅读教学活动设计［M］. 哈尔滨：哈尔滨工程大学出版社，2010.

［22］王静，李世萍. 大学英语阅读教学中任务型教学法的应用分析［J］. 海外英语，2019（5）：2.

［23］魏杰. 现代信息技术在大学英语教学及教师发展中的应用研究［J］. 海外英语，2022（13）：137.

［24］魏琴. 信息化背景下大学英语教学研究［M］. 长春：吉林人民出版社，2020：68.

［25］吴耀武. 大学英语阅读分层处方教学研究［D］. 西安：陕西师范大学，2014：44.

［26］熊丽君. 阅读理论和技巧对大学英语阅读教学的启示［J］. 西安外国语学院学报，2006（1）：48-52.

［27］徐东海. 大学英语阅读教学中的文化教学策略［J］. 大连教育学院学报，2022，38（2）：44.

［28］徐宁. 论现代英语阅读教学策略［J］. 考试周刊，2012（34）：84.

［29］杨波. 大学生英语阅读中存在的问题及其对策研究［D］. 济南：山东师范大学，2007：30-34.

［30］于洋，唐艳. 大学英语阅读教学方法研究［M］. 北京：现代出版社，2019.

［31］袁苑. 支架式教学模式在大学英语阅读教学中的应用［J］. 山西能源学院学报，2022，35（1）：41.

［32］张君棠. 大学英语阅读教学理论与实践［M］. 北京：冶金工业出版社，2014.

［33］张庆华. 高校英语教师阅读教学实践性知识个案研究［D］. 北京：北京外国语大学，2015：26-31.

［34］张文英. 语篇分析视角下大学英语阅读教学策略创新研究［J］. 宿州教育学院学报，2019，22（5）：95.

［35］张阳. PBL教学模式应用对英语阅读教学的意义［J］. 考试周刊，2014（97）：98.

［36］钟传根. 大学英语阅读教学活动设计有效性与趣味性［J］. 校园英语，2017（45）：1.